Fit for Future

Reihe herausgegeben von
Peter Buchenau
The Right Way GmbH
Waldbrunn, Deutschland

Die Zukunft wird massive Veränderungen im Arbeits- und Privatleben mit sich bringen. Tendenzen gehen sogar dahin, dass die klassische Teilung zwischen Arbeitszeit und Freizeit nicht mehr gelingen wird. Eine neue Zeit – die sogenannte „Lebenszeit" – beginnt. Laut Bundesregierung werden in den nächsten Jahren viele Berufe einen tiefgreifenden Wandel erleben und in ihrer derzeitigen Form nicht mehr existieren. Im Gegenzug wird es neue Berufe geben, von denen wir heute noch nicht wissen, wie diese aussehen oder welche Tätigkeiten diese beinhalten werden. Betriebsökonomen schildern mögliche Szenarien, dass eine stetig steigende Anzahl an Arbeitsplätzen durch Digitalisierung und Robotisierung gefährdet sind. Die Reihe „Fit for future" beschäftigt sich eingehend mit dieser Thematik und bringt zum Ausdruck, wie wichtig es ist, sich diesen neuen Rahmenbedingungen am Markt anzupassen, flexibel zu sein, seine Kompetenzen zu stärken und „Fit for future" zu werden. Der Initiator der Buchreihe Peter Buchenau lädt hierzu namhafte Experten ein, ihren Erfahrungsschatz auf Papier zu bringen und zu schildern, welche Kompetenzen es brauchen wird, um auch künftig erfolgreich am Markt zu agieren. Ein Buch von der Praxis für die Praxis, von Profis für Profis. Leser und Leserinnen erhalten „einen Blick in die Zukunft" und die Möglichkeit, ihre berufliche Entwicklung rechtzeitig mitzugestalten.

Weitere Bände in der Reihe http://www.springer.com/series/16161

Carsten Lexa

Mehr Erfolg mit besseren Verträgen

Verträge gestalten und optimieren ohne Anwalt

Carsten Lexa
Rechtsanwaltskanzlei Lexa
Würzburg, Bayern, Deutschland

Fit for Future
ISBN 978-3-658-30800-1   ISBN 978-3-658-30801-8 (eBook)
https://doi.org/10.1007/978-3-658-30801-8

Die Deutsche Nationalbibliothek verzeichnet diese Publikation in der Deutschen Nationalbibliografie; detaillierte bibliografische Daten sind im Internet über http://dnb.d-nb.de abrufbar.

© Springer Fachmedien Wiesbaden GmbH, ein Teil von Springer Nature 2020, korrigierte Publikation 2020
Das Werk einschließlich aller seiner Teile ist urheberrechtlich geschützt. Jede Verwertung, die nicht ausdrücklich vom Urheberrechtsgesetz zugelassen ist, bedarf der vorherigen Zustimmung des Verlags. Das gilt insbesondere für Vervielfältigungen, Bearbeitungen, Übersetzungen, Mikroverfilmungen und die Einspeicherung und Verarbeitung in elektronischen Systemen.
Die Wiedergabe von allgemein beschreibenden Bezeichnungen, Marken, Unternehmensnamen etc. in diesem Werk bedeutet nicht, dass diese frei durch jedermann benutzt werden dürfen. Die Berechtigung zur Benutzung unterliegt, auch ohne gesonderten Hinweis hierzu, den Regeln des Markenrechts. Die Rechte des jeweiligen Zeicheninhabers sind zu beachten.
Der Verlag, die Autoren und die Herausgeber gehen davon aus, dass die Angaben und Informationen in diesem Werk zum Zeitpunkt der Veröffentlichung vollständig und korrekt sind. Weder der Verlag, noch die Autoren oder die Herausgeber übernehmen, ausdrücklich oder implizit, Gewähr für den Inhalt des Werkes, etwaige Fehler oder Äußerungen. Der Verlag bleibt im Hinblick auf geografische Zuordnungen und Gebietsbezeichnungen in veröffentlichten Karten und Institutionsadressen neutral.

Planung/Lektorat: Isabella Hanser
Springer Gabler ist ein Imprint der eingetragenen Gesellschaft Springer Fachmedien Wiesbaden GmbH und ist ein Teil von Springer Nature.
Die Anschrift der Gesellschaft ist: Abraham-Lincoln-Str. 46, 65189 Wiesbaden, Germany

*Gewidmet meiner Mutter und meinem Bruder.
Darüber hinaus allen, die Verträge lesen und
verstehen müssen …
Und der BIO 2019.*

Erstes Geleitwort

Unternehmer tragen viel Verantwortung. Verantwortung für Mitarbeiter, Kunden und Strukturen. Man muss sich um Rechnungen kümmern, um Abläufe, um Dienstleister. Ein Unternehmer steht gerade für alles, was mal schief geht. Kurzum: Der Unternehmer wird als eierlegende Wollmilchsau ständig gefordert.

Dabei gibt es bei allen Freuden des Unternehmertums auch Bereiche, die man am liebsten weit wegschieben würde. Sicher kennen Sie das, wenn Sie eine Aufgabe jeden Abend, kurz vor Feierabend, wieder auf den nächsten Tag schieben. Solche Aufgaben haben in meinem unternehmerischen Alltag meist mit Verträgen aller Art zu tun. Allgemeine Geschäftsbedingungen, Dienstleisterverträge, Kooperationsvereinbarungen, Kaufverträge – von einer ganzen Mannschaft von Anwälten aufs Papier gebracht in einem unendlichen Wettkampf: Wer kann die meisten Wörter auf den kleinsten Raum packen?

Das ist keinesfalls ein Vorwurf an die juristische Zunft. Schließlich geht es bei all dem immer nur darum, alle Fragen und Eventualitäten im Vorhinein für alle Seiten geklärt zu wissen. Verträge schaffen Sicherheit und Klarheit. Sie sorgen dafür, dass wir wirtschaftlich nachhaltige Geschäftsmodelle aufbauen und feste Strukturen in unserem unternehmerischen Wirken verankern können.

Carsten Lexa baut Fundamente für seine Mandanten
Wenn man eine Metapher bemühen möchte, dann sind Verträge das Fundament, auf das ein kleines Gartenhaus gebaut werden kann, aus dem dann im Idealfall mit der Zeit ein riesiger Wolkenkratzer entstehen kann. Carsten Lexa ist jemand, der diese Fundamente mit seinen Mandanten baut.

Wir haben uns vor einigen Jahren kennengelernt und seitdem vergeht kein Tag mehr, an dem ich Carsten Lexa nicht in Aktion sehe. Er ist einer der umtriebigsten Juristen dieses Landes, engagiert sich in Politik und Wirtschaft, schreibt eine Kolumne für mein Medienunternehmen, hat eine Video-Podcast-Show, verfasst Bücher und ist gefühlt in mehr Netzwerken und Vereinen involviert als es Mannschaften in der Bundesliga gibt. Und das alles, das soll hier nicht untergehen, neben seiner juristischen Tätigkeit.

Intensiviert hat sich unsere Zusammenarbeit vor anderthalb Jahren, als Carsten Lexa für mein Unternehmen die Allgemeinen Geschäftsbedingungen verfasst hat. Detailliert, strukturiert und zielstrebig wie dieses Buch, das Sie gerade in Ihren Händen halten, hat er uns ein Fundament für einen weiteren Geschäftszweig aufgebaut. Satz für Satz, Zeile für Zeile ist ein rechtssicherer Rahmen entstanden, der seither sowohl unseren Kunden als auch uns täglich Klarheit verschafft.

Sicherheit gegen unvorteilhafte Paragrafen

Mit diesem Buch halten Sie, liebe Leserinnen und Leser, in komprimierter Form ein in meinen Augen wichtiges Werkzeug in den Händen, um mit Verträgen und dem sonst lästigen Kleingedruckten besser umgehen zu können. Sie werden lernen, woraus ein Vertrag besteht, welche Komponenten besonders wichtig sind, wer wann für welche Leistung bezahlt und vor allem auch, was eben nicht in ein Vertragswerk gehört.

Sie werden nach der Lektüre nicht mehr dieses Verlangen haben, das ich zuweilen regelmäßig spürte. Das Verlangen, bei jedem Rechtstext sofort einen Anwalt konsultieren zu wollen. Sie werden in der Lage sein, die wichtigsten Passagen selbst einschätzen zu können. Das schafft Ruhe und Sicherheit, weil Sie besser gewappnet sein werden gegen möglicherweise für Sie unvorteilhafte Paragrafen. Sie wissen nach der Lektüre, auf welche Stellen Sie besonders achten sollten.

Schieben Sie die To-dos nicht länger vor sich her

Dieses Buch macht nicht jeden zum Volljuristen. Das ist ganz klar. Das ist aber auch nicht das Ziel. Dieses Buch sorgt dafür, die Schwelle hochzusetzen, ab der Sie einen Anwalt für Ihr Vorhaben benötigen. Das hilft nicht nur Unternehmern, sondern auch Endverbrauchern. Es sorgt dafür, dass wir die To-dos mit dem Vertragswerk nicht mehr vor uns herschieben, sondern sie von nun an sofort angehen wollen.

Ich wünsche Ihnen eine gute Lektüre und allseits umfassende Rechtssicherheit.

Tobias Gillen
Geschäftsführender Gesellschafter
„BASIC thinking GmbH"
Autor („Die Minimalismus-Formel")

Zweites Geleitwort

Wir alle haben bereits als Kinder gelernt, dass Regeln und Regelwerke für einen guten Umgang miteinander von großer Bedeutung sind. Je genauer und verständlicher das Regelwerk von jedem erfasst und verstanden wird, desto leichter lassen sich Regeln einhalten. Wir alle kennen das Spiel „Mensch ärgere Dich nicht". Und so würde auch keiner auf die Idee kommen, mit einer gewürfelten eins seine Figur auf das Spielfeld ziehen. Die Umsetzung der Regeln kann aber dann schon das eine oder andere Mal beim Mitspieler eine mürrische Mine hervorrufen. Besonders dann, wenn die eigene Figur von der Figur des Mitspielers des Feldes verwiesen wird. Das mag dann ärgerlich sein. Solange aber das Regelwerk eingehalten wurde, bleibt das Spiel im Fluss.

Im vorliegenden Buch verdeutlicht Carsten Lexa, wie wichtig es ist, sich mit Verträgen im Vorfeld einer Geschäftsbeziehung zu beschäftigen. Sinn und Zweck eines Vertrages ist es, dass die Beziehung zwischen den

Vertragspartnern eindeutig und klar geregelt wird. Herr Lexa veranschaulicht an Beispielen, dass die Mitwirkung der Beteiligten an dem zu vereinbarenden Regelwerk zwingend notwendig ist!

Gutes Recht bedarf guter Hilfe, ...
Unser Rechtssystem lässt es zu, dass geschäftsfähige Personen, eine Vertragsgrundlage für eine Zusammenarbeit schaffen können. Herr Lexa ruft in seinem Buch den Leser dazu auf, sich im Vorfeld über das was geregelt werden soll, gewissenhaft zu beschäftigen und in Worte zu fassen. Je deutlicher formuliert wird, umso besser kann am Ende ein Regelwerk bzw. Vertrag vorliegen, der die Beziehung zwischen den Vertragspartnern in der Umsetzung nachhaltig erfolgreich regelt. Das Buch verdeutlicht, dass die gewissenhafte Vorbereitung auch in der Verantwortung der geschäftsfähigen Person liegt. Eine schlagfertige Aufforderung an einen Anwalt „mal einen Vertrag zu entwerfen", ohne wichtige Details im Vorfeld gründlich vorzubereiten, kann den Anwalt vor eine unlösbare Aufgabe stellen.

... wenn Erfolg mit besseren Verträgen erzielt werden soll.
In unseren komplexen „Rechtswelt" kommt es besonders bei Geschäftsführern von Unternehmen darauf an, dass sie die benötigte juristische Hilfe konkret nennen können. Die Mitwirkungspflicht mit Liebe zum Detail und mit Disziplin im Denken und der Formulierung wird von Herrn Lexa charmant eingefordert. Einen guten Rat kann der Anwalt nur dann geben, wenn die Aufgabe und das Ziel zum Vertragswerk präzise gestellt werden.

Zweites Geleitwort

Der „Habe ich" ist besser als der „Hätte ich"!
Als ehemaliger Bankdirektor und jetziger Vorstand der KFM Deutsche Mittelstand AG habe ich erleben müssen, wie Unternehmer, Geschäftsführer und leitende Angestellte sich nicht bewusst waren oder sind, dass ein eindeutiges Regelwerk von existenzieller Bedeutung sein kann. „Hätte ich das gewusst, dann wäre ich diesen Vertrag so nicht eingegangen" ist eine gern benutzte Floskel, die eine zuvor fehlende Sorgfalt offenbart. Herr Lexa ermuntert den Leser stattdessen:

> „Ich habe im Vorfeld gewissenhaft eine Vertragsgrundlage geschaffen, die mir den gewünschten Erfolg in der Zusammenarbeit mit meinem Vertragspartner möglich macht."

Ich wünsche dem Autor Carsten Lexa weiterhin viel Schaffenskraft und den Lesern dieses Buches juristische Inspiration.

Hans-Jürgen Friedrich
Gründer und Vorstandsvorsitzender der
KFM Deutsche Mittelstand AG, Düsseldorf
Vizepräsident des Interessenverbandes
kapitalmarktorientierter kleiner und mittlerer
Unternehmen e. V.

Vorwort

Auf den ersten Blick mag es seltsam anmuten: Mit dem vorliegenden Buch soll dem Leser[1] geholfen werden, zu besseren Verträgen zu kommen, ohne gleich einen Anwalt bemühen (und damit bezahlen) zu müssen. Dabei hat dieses Buch ausgerechnet jemand geschrieben, der seinen Lebensunterhalt als Anwalt damit verdient, Verträge zu prüfen, zu gestalten und zu optimieren. Wird dann nicht dieses Buch dafür sorgen, diese eigene Tätigkeit obsolet werden zu lassen?

Den auf den ersten Blick um mich, mein Auskommen und die Anwaltszunft im Allgemeinen zu Recht besorgten Leser kann ich jedoch beruhigen: Dieses Buch wird

---

[1] Ein Hinweis an dieser Stelle: Ich bin für die Gleichberechtigung aller Geschlechter. Dies spiegelt sich auch in der geschlechtlich variierenden Personenauswahl der Beispiele und Musterformulierungen wider. Trotzdem wird zugunsten einer einfachen Lesbarkeit in diesem Buch das Maskulinum im Sinne einer geschlechtsneutralen Form verwendet, wenn es um Menschen im Allgemeinen geht.

vielmehr dafür sorgen, Verträge, die jeder im täglichen Leben schließt und für die in keinem Fall ein Anwalt benötigt wird, besser zu machen. Es wird – leider – nicht dafür sorgen, dass für die Tätigkeit eines guten Vertragsanwalts kein Bedarf mehr besteht. Das ist aber auch nicht Ziel dieses Buches. Vielmehr geht es darum, mit einfachen Mitteln dafür zu sorgen, dass Rechtssicherheit – das übergeordnete Ziel aller Verträge – geschaffen wird. Würde man nun fordern, dass Rechtssicherheit nur mit einem Anwalt herbeigeführt werden kann, wäre das sehr bedauerlich für unser Rechtssystem.

Das deutsche Rechtssystem
Vielmehr ist das deutsche Rechtssystem im Grundsatz sehr gut. Natürlich kann man trefflich über die eine oder andere Regelung streiten, sie sogar für sinnlos, kontraproduktiv oder inakzeptabel halten. Nichtsdestotrotz stellt es ein System dar, welches über Jahrzehnte gewachsen ist und den Bürgern ein scharfes Schwert an die Hand gibt, um für die eigenen Rechte zu streiten.

Auf die Anwendung kommt es an
Allerdings – wie bei jedem Schwert – kommt es darauf an, wie es geführt wird. Und genau an dieser Stelle kommt dieses Buch in Spiel. Denn aus eigener Erfahrung kann ich sagen, dass viele Probleme im Hinblick auf den Nutzen, den Verträge bringen sollen oder können, vom Umgang mit diesen abhängen.

Ein Beispiel aus dem täglichen Leben
Ich bin mir sicher, jeder Leser kann sich in diesem Beispiel wiederfinden: Man möchte einen Mobilfunkvertrag abschließen. Der Verkäufer legt einem zwei oder drei Blätter mit kleingedruckten Wörtern darauf vor und meint, dass dies der „Vertrag" sei. Man sollte sich diesen in

Ruhe durchlesen und dann unterschreiben. Was spielt sich jedoch in der Praxis ab? Genau, der Vertrag wird Wort für Wort durchgelesen, dann sorgfältig verstaut und zu Hause so abgelegt, dass man jederzeit darauf zugreifen kann …

Nun, die Realität sieht wohl etwas anders aus. Die kleingedruckten Wörter werden schnell überflogen – wenn überhaupt – und dann eine Unterschrift auf der Zeile geleistet, auf die der Verkäufer deutet. Das ganze erhaltene Papier wird dann zu Hause in einem Ordner abgeheftet, der nie mehr wieder angeschaut wird. Ergänzend bekommt man die Vertragsunterlagen noch einmal per E-Mail als pdf-Datei zugeschickt, die man am besten gar nicht öffnet …

Tipps für bessere Verträge
Mit diesem Buch möchte ich zehn Kniffe vorstellen, mit denen jeder zu besseren Verträgen gelangen kann. Alle Kniffe kommen aus meiner über zehnjährigen Beratungspraxis in der Vertragsprüfung und -gestaltung. Darauf basierend habe ich in unzähligen Vorträgen anhand von einfachen Beispielen gezeigt, welche Fehler im Umgang mit Verträgen gemacht werden, welche Folgen sich daraus ergeben und wie diese Fehler vermieden werden können. Dabei geht es nicht um tiefgehende juristische Überlegungen, sondern um die sinnvolle Anwendung des gesunden Menschenverstands. Die Kniffe mögen simpel erscheinen, in der Praxis haben sie jedoch meiner Erfahrung nach durchschlagende Wirkung.

Ergänzender Hinweis
Ein Hinweis noch an dieser Stelle: Manchmal kommt man auf neue und ergänzende Ideen – auch ich finde immer wieder etwas, das sich lohnt, an Sie, über dieses Buch hinaus, weitergegeben zu werden. Ich lade Sie deshalb ein, die Webseite zu diesem Buch zu besuchen.

Dort finden sich nicht nur weitere Informationen und Materialien wie Videos und ergänzende Links zu den einzelnen Kapiteln dieses Buches, sondern man kann auch mit mir ausgiebig diskutieren, Tipps im Hinblick auf die Vertragsgestaltung besprechen und insgesamt die Lust auf Verträge zelebrieren. Die Webseite ist zu finden über diese Adresse http://www.erfolgmitvertraegen.de oder durch Scannen dieses QR-Codes – ich freue mich auf neue und inspirierende Begegnungen:

Würzburg
April 2020

C. Lexa

Die Originalversion des Buchs wurde revidiert.
Ein Erratum ist verfügbar unter
https://doi.org/10.1007/978-3-658-30801-8_14

Inhaltsverzeichnis

1	**Warum gute Verträge sinnvoll sind, warum viele Verträge schlecht sind und wie man Verträge besser machen kann – ohne Anwalt**	1
2	**Die Vorgeschichte – Worauf der Vertrag basiert**	5
	2.1 Interpretation von Vertragsinhalten nach anglo-amerikanischem Recht	6
	2.2 Interpretation von Vertragsinhalten nach deutschem Recht	8
	2.3 Wo man die Vorgeschichte in einem Vertrag findet	9
	Literatur	12

3 Die Sprache – Wenn Präzision und Verständlichkeit kollidieren — 13
- 3.1 Sprachliche Präzision — 14
- 3.2 Fachwörter und Umgangssprache — 15
- 3.3 Widersprüchliche Regelungen — 18

4 Die eigene Meinung – Worauf es beim Inhalt nicht ankommt — 21
- 4.1 Die Wahrheit über die zuständigen Richter — 22
- 4.2 Handlungsempfehlung: Der „Laien-Test" — 23

5 Die Leistungen – Was jede Partei vom Vertragspartner will — 27
- 5.1 Leistungen als zentraler Inhalt eines Vertrages — 28
- 5.2 Vertraglich geregelte Leistungen — 28
- 5.3 Unvollständige Leistungsbeschreibungen — 31
- 5.4 Unerwünschte bzw. nicht benötigte Leistungen — 33

6 Die Änderungen – Wenn Umstände nachträglich neu zu bewerten sind — 35
- 6.1 Die Auswirkungen von Änderungen auf Verträge — 36
- 6.2 Auswirkungen auf den Vertrag als solchen — 37
- 6.3 Auswirkungen auf Vertragsbestandteile — 38

7	**Die Geltungsdauer – Wann geht es los und wann kommt das Ende**	**41**
	7.1 Der Unterschied zwischen Beginn des Vertrags und Beginn der Leistungspflicht	42
	7.2 Das Ende eines Vertrages	46
	7.3 Die vorzeitige Beendigung eines Vertrages	47
	7.4 Das Ende ist gekommen	48
8	**Das Loslassen – Wie man sich vom Vertrag lösen kann**	**51**
	8.1 Die Kündigung	52
	8.2 Widerruf, Rücktritt, Anfechtung und der Wegfall der Geschäftsgrundlage	56
	Literatur	59
9	**Der Ansprechpartner – Wer darf etwas zum Vertrag sagen**	**61**
	9.1 Die Autorität eines Ansprechpartners	62
	9.2 Der Wegfall eines Ansprechpartners	64
10	**Die Kosten – Wer muss wann was bezahlen**	**67**
	10.1 Die Entstehung von Kosten	68
	10.2 Die Verteilung von Kosten	69
	10.3 Das Vertragscontrolling	72

11	**Der Streit – Wie man einen Disput vermeidet, klärt und entscheidet**	73
	11.1 Der Ort des Streites	74
	11.2 Das zuständige Gericht	74
	11.3 Das anwendbare Recht	77
	11.4 Die maßgebliche Sprache	78
12	**Worte zum Schluss**	81
13	**Einladung zum nächsten Schritt**	85
Erratum zu: Mehr Erfolg mit besseren Verträgen		E1

1

Warum gute Verträge sinnvoll sind, warum viele Verträge schlecht sind und wie man Verträge besser machen kann – ohne Anwalt

Wenn irgendwo zwischen zwei Mächten ein noch so harmlos aussehender Pakt geschlossen wird, muss man sich sofort fragen, wer hier umgebracht werden soll.

Otto von Bismarck

Wie man sich eine Freundschaft erhält
Wollen Sie gut auskommen mit Ihrem Vertragspartner, mit Kunden, Lieferanten, Dienstleistern, Verkäufern oder Käufern? Dann habe ich einen einfachen Tipp für Sie: Verwenden Sie wohl durchdachte und gut gestaltete Verträge! Der größte Fehler, den Sie machen können, ist die Unterzeichnung eines Vertragsentwurfs, ohne über seinen Inhalt nachzudenken. Ein gut durchdachter und formulierter Vertrag ist Ihr weit besserer Begleiter. Denn ein solcher Vertrag stärkt das partnerschaftliche Verhältnis zu Ihrem Geschäftspartner und hilft bei der Verhinderung von Streitigkeiten. Weil er die Besonderheit Ihres jeweiligen Falles, also die Besonderheiten der jeweiligen

© Springer Fachmedien Wiesbaden GmbH, ein Teil von Springer Nature 2020, korrigierte Publikation 2020
C. Lexa, *Mehr Erfolg mit besseren Verträgen*, Fit for Future, https://doi.org/10.1007/978-3-658-30801-8_1

Beziehung zwischen den Parteien, im Rahmen der in ihm enthaltenen Regelungen berücksichtigt.

Das Problem bei vielen Verträgen
Ein Vertrag wird regelmäßig dann hervorgeholt, wenn irgendetwas in der Beziehung zwischen den Vertragsparteien „schiefläuft". Das ist dann jedoch der Moment, in dem die Parteien realisieren, dass in dem Vertrag Details nicht geregelt sind, auf die es ankommt. Und es kommt deshalb auf diese an, weil eben nicht jeder Fall wie der andere ist, sondern es Besonderheiten gab, die hätten berücksichtigt werden müssen. Genau das ist jedoch nicht passiert. Die fehlende Berücksichtigung dieser Details sorgt nun dafür, dass nicht klar ist, unter welchen Umständen es zu welchen Folgen kommt. Dabei ist eines sicher: Menschen sehen, hören und verstehen Dinge unterschiedlich, jeder hat andere Vorstellungen von bestimmten Begriffen und Ausdrücken und jeder verbindet mit bestimmten Formulierungen unterschiedliche Inhalte und Grundlagen. Meiner Erfahrung nach haben sicherlich mehr als 80 % der geschlossenen Verträge „unvollständige" Regelungen. Ein schlecht gestalteter, d. h. unvollständiger Vertrag führt aber nur zu Diskussionen und am Ende zu Streit darüber, was überhaupt vereinbart wurde.

Der Nutzen von Vertragsmustern
Verträge, die verwendet werden, wenn man solche einmal braucht – sei es, weil man als Privatperson sein Auto verkauft, sei es, weil man als Unternehmen Allgemeine Geschäftsbedingungen einsetzen möchte –, basieren oftmals auf bestimmten Standards. Das können Vertragsmustern aus dem Internet sein oder ein Vertrag, den man von jemand anderem, einem Freund oder Geschäftspartner, erhalten hat. Der Nutzen so eines Vertrages aber,

der schon von Haus aus die Besonderheiten des Einzelfalls nicht berücksichtigt und der auch darüber hinaus nicht von den Parteien mit individuellen Regelungen versehen wird, ist mehr als fraglich: Ein Vertrag soll doch gerade einen bestimmten und damit einen individuellen Fall regeln. Im „noch" besten Fall sind die Regelungen in so einem Standardvertragsmuster nicht durchsetzbar, im schlechtesten Fall sind sie einfach nur völlig nutzlos.

Zwei einfache Regeln als Ausgangspunkt
Zur Vermeidung vieler Problemen mit dem Vertragspartner hilft es letztendlich, zwei einfache Regeln zu beachten:

1. Einen Vertrag sollten Sie immer, auch wenn es schwerfällt, lesen – und zwar von Anfang bis Ende. Darüber hinaus sollten Sie verstehen, was in dem Vertrag steht. Vielleicht nicht in jedem juristischen, also rechtlichen, Detail. Aber zumindest sollten Sie ein gewisses Grundverständnis haben. Denn es ist genau dieser Vertrag, der im Fall einer Meinungsverschiedenheit oder eines Streits herangezogen wird, um eine Klärung herbeizuführen. Wenn Sie das Gefühl haben, dass Sie gar nicht zu einem Grundverständnis kommen, egal aus welchen Gründen, dann bekommen Sie so einen wichtigen Hinweis auf drohende Probleme.
2. Sie sollten dieses Buch lesen, die Tipps und Kniffe beherzigen und im Rahmen einer Vertragsverhandlung, also bevor es zur Unterschrift unter einen Vertrag kommt, beachten.

> Vergessen Sie dabei nicht: Ein guter Vertrag erhält Partnerschaften; ein schlechter Vertrag schafft Feindschaften!

2
Die Vorgeschichte – Worauf der Vertrag basiert

Nur wer die Vergangenheit kennt, hat eine Zukunft.
Wilhelm von Humboldt

> Jeder Vertrag hat eine Vorgeschichte, d. h. einen Hintergrund zur Entstehung und zu den Absichten der Parteien im Rahmen der Vertragsbeziehung. Schreibt man diese Vorgeschichte nieder, dann kann man im Falle eines Streits auf diese Vorgeschichte zurückgreifen und Regelungen, die in einem Vertrag enthalten sind, mit Blick auf die Vorgeschichte begutachten. Ein guter Platz, um die Vorgeschichte darzustellen, ist die sog. „Präambel" am Beginn des Vertragstextes. Dabei muss im Rahmen der Vorgeschichte noch nicht auf alle Feinheiten des nachfolgenden Vertragstextes eingegangen werden.

2.1 Interpretation von Vertragsinhalten nach anglo-amerikanischem Recht

Im anglo-amerikanischen Rechtsraum, also beispielsweise in den USA, in Großbritannien oder in Kanada, spielt die an irgendeiner Stelle im Vertragstext dargestellte Vorgeschichte zu einem Vertrag eine große Rolle. Warum ist das so?

Dazu muss man wissen, dass es dort die sog. „parol evidence rule" [1] gibt, was übersetzt so viel bedeutet wie „Regel zur mündlichen Beweisführung"[1]. Vereinfacht gesagt muss sich nach dieser Regel der Inhalt eines schriftlichen Vertrages aus dem Vertragstext ergeben. Ist der Vertragstext ausreichend, um den Inhalt zu bestimmen, dann kann im Rahmen eines Streits kein Zeuge oder auch kein weiteres ergänzendes Dokument vorgebracht werden, das den Vertragsinhalt in einem neuen Licht erscheinen lässt.

> **Beispiel**
>
> Anschaulich verdeutlicht wird dieses Prinzip in dem US-amerikanischen Fall „Myskina v. Condé Nast Publications" aus dem Jahre 2005 [2].
>
> Die russische Tennisspielerin Anastassija Andrejewna Myskina sollte im Sportteil des Magazins GQ als sog. „Lady Godiva" dargestellt werden, welche der mittelalterlichen Legende nach nackt durch die Stadt Coventry geritten ist, um ihren Ehemann, den Grafen Leofric, dazu zu bewegen, die hohe Steuerlast der Bürger zu senken. Unmittelbar vor der Aufnahme der Fotos unterschrieb Myskina eine schriftliche Verzichtserklärung, in welcher sie der Nutzung der Fotos durch den Verlag Condé Nast unwiderruflich und

---

[1] Diese Übersetzung wird der juristischen Bedeutung der parole evidence rule nicht vollständig gerecht. Jedoch ist sie ausreichend, um den Sinn einer Präambel auch bei deutschen Verträgen zu erklären.

> unspezifiziert zustimmte. Zuerst wurde Myskina tatsächlich als Lady Godiva fotografiert, und zwar nicht vollständig nackt, sondern mit fleischfarbenen Strumpfhosen und bedeckten Brüsten. Anschließend wurden aber noch Fotos gemacht, die enthüllender waren. Da diese enthüllenderen Fotos in einem anderen Magazin später verwendet wurden, verklagte Myskina Condé Nast Publications auf Schadensersatz und Unterlassung der Verwendung der Fotos. Sie behauptete, dass der Fotograf ihr beim Fotoshooting mündlich zugesichert habe, die enthüllenderen Bilder nicht zu verwenden. Der US District Court for the Southern District of New York entschied jedoch zugunsten von Condé Nast Publications. Ausschlaggebend war hier die „parol evidence rule". Myskina wurde mit ihrer Behauptung, der Fotograf hätte ihr zugesichert, die enthüllenden Fotos nicht zu verwenden, gar nicht gehört. Denn das Gericht war der Auffassung, die unterzeichnete schriftliche Erklärung sei ein ausreichendes Dokument, aus welchem sich die Zustimmung zur Publikation sämtlicher Fotos ergebe. Hätten die Parteien gewollt, dass gewisse Fotos nicht von dieser Erlaubnis erfasst wären, so hätten sie dies schriftlich vereinbart.

Wenn es also im anglo-amerikanischen Rechtsraum so schwierig ist, Motive, Erklärungen etc. zu einem späteren Zeitpunkt anzuführen, dann macht es Sinn, diese Punkte, wenn es auf sie ankommt, schon in den Vertragstext aufzunehmen. Dann nämlich kann man sich auf diese berufen und mit deren Hilfe zum Beispiel den Inhalt von Regelungen interpretieren, wenn der Wortlaut insoweit nicht eindeutig ist.

2.2 Interpretation von Vertragsinhalten nach deutschem Recht

Im deutschen Recht ist die Situation nicht ganz so problematisch. Dort ist es vielmehr möglich, Zeugen zu benennen oder E-Mail-Verkehr bzw. sonstige Kommunikation im Rahmen eines Disputs anzuführen, wenn eine Partei der Ansicht ist, dass eine Regelung in einem Vertrag in einem bestimmten Sinn auszulegen und damit zu interpretieren sei.

Allerdings bedeutet das, dass man diese Zeugen, dass man diese weitere Kommunikation und alles, was man sonst zur Interpretation benötigt, auch zur Hand hat. Das ist nicht immer einfach – Zeugen erinnern sich nicht mehr genau, E-Mails wurden gelöscht etc. Eventuell für die Vertragsauslegung wichtige Motive und Hintergründe stehen dann einfach nicht mehr zur Verfügung.

Damit dies nicht zu Problemen führt, sollten diese in den Vertragstext aufgenommen werden. Nun gibt es jedoch noch eine Besonderheit. Diese Hintergründe bzw. Motive der Parteien, also die Vorgeschichte zu einem Vertrag, ist regelmäßig nicht absolut exakt und bestimmt in der Vorgeschichte formuliert. Beispielsweise heißt es dann „Die Parteien beabsichtigen eine möglichst hohe Vergütung." Nicht formuliert wird jedoch in der Vorgeschichte, wie hoch die Vergütung sein soll. Dies erfolgt dann im weiteren Vertragstext. Es wird damit schwierig, einen Anspruch nur basierend auf den Ausführungen in der Vorgeschichte geltend zu machen. Es fehlt regelmäßig an der erforderlichen sprachlichen und damit einhergehenden juristischen Präzision.

Ausreichend jedoch ist die Vorgeschichte, wenn es darum geht, die Motive und Hintergründe zu einem

Vertrag zu verwenden, um die Absichten der Parteien hinter bestimmten Regelungen in einem Vertrag zu verstehen. Denn ein Richter, der einen Streit zu entscheiden hat, kann dann die Regelungen nehmen und diese mit der Motiven und Hintergründen in der Vorgeschichte, die er in der Präambel findet, abgleichen. So kann er bei mehreren Möglichkeiten zu der Frage, was eine Regelung bedeuten kann, zu einem eindeutigeren Ergebnis kommen. Im vorstehenden Beispiel würde sich aus der Formulierung zumindest mal ergeben, dass die Parteien eine wie auch immer geartete Vergütung vereinbaren wollten. Dies kann dann relevant werden, wenn eine Partei beispielsweise behauptet, dass eine Leistung kostenlos erbracht werden sollte.

Zusammengefasst ist die Vorgeschichte eine Hilfe, um zu verstehen, was die Parteien mit einem Vertrag vorhatten und in welchem Licht die einzelnen Regelungen zu verstehen sind.

2.3 Wo man die Vorgeschichte in einem Vertrag findet

Nun stellt sich noch die Frage, wo in einem Vertrag diese Motive und die Hintergrundgeschichte dargestellt werden sollen. Ich empfehle, dies unter der Präambel ganz am Anfang eines Vertragstextes zu machen, nach der Benennung der Vertragsparteien. Dies macht aus systematischer Sicht Sinn. Denn aus der Darstellung der Hintergrundgeschichte ergeben sich regelmäßig mangels ausreichender Präzisierung der Formulierungen keine echten Ansprüche. Jedoch können die Ausführungen beim Verständnis der weiteren Regelungen im Vertrag helfen. Da die Vorgeschichte als Basis dient, gehört sie an den Anfang des Vertragstextes.

Ergänzender Hinweis
Die Darstellung des Vertragshintergrundes hat aber noch eine weitere wichtige Funktion, die insbesondere dann eine Rolle spielt, wenn ein Vertrag nicht von einem Vertragsspezialisten entworfen wird und die Parteien sich noch im Stadium der Vertragsverhandlung, also vor der Unterzeichnung befinden. Wie dargestellt sollen die weiteren Regelungen des Vertrages den in der Präambel dargestellten Hintergrund des Vertrages ausfüllen. Wenn man also beim Lesen des Vertragstextes und insbesondere der Präambel merkt, dass die Parteien mit dem Vertrag etwas Bestimmtes vorhatten, sich diese Absicht jedoch nicht in den Regelungen und Paragrafen wiederfindet, dann stimmt irgendetwas nicht. Und das Gegenteil gilt auch: Wenn die Regelungen plötzlich auf Fälle Anwendung finden, die sich aus dem Hintergrund zum Vertrag nicht ergeben, dann ebenfalls ist Vorsicht geboten.

> **Zusammenfassung**
>
> Der Hintergrund eines Vertrages kann eine Hilfe sein beim Verständnis von vertraglichen Regelungen. Durch einen Abgleich des Hintergrundes mit den vertraglichen Regelungen können sich Hinweise ergeben, wie die Parteien bestimmte Regelungen verstanden haben wollen. Darüber hinaus können sich im Rahmen der Vertragsgestaltung Hinweise darauf ergeben, ob der Vertrag inhaltlich ausreichend ist bzw. ob etwas geregelt ist, was eigentlich nicht geregelt werden sollte. Der Hintergrund eines Vertrages sowie die Motive und Absichten der Parteien sollten in der Präambel am Anfang eines Vertrages dargestellt werden.
>
> Sie sollten also darauf achten, dass Sie in der Präambel den Hintergrund eines Vertrages, die Absichten und die Wünsche der Parteien ausreichend darstellen. Grundsätzlich kann man sagen, dass es Sinn macht, lieber zu viel

2 Die Vorgeschichte – Worauf der Vertrag basiert

als zu wenig auszuführen. Denn je deutlicher die Vorstellungen der Parteien „unjuristisch" herauskommen, umso eher kann dies zum Verständnis einer Regelung im Sinne der Parteienvorstellung führen.[2]

Beispiel

Kaufvertrag über einen Pkw
zwischen
Herrn A
[Adresse]
genannt: „Verkäufer"
und
Frau B
[Adresse]
genannt: „Käuferin"
Präambel

Der Verkäufer ist Eigentümer eines Pkw der Marke Audi, Seriennummer xxx in der Farbe „Blau" mit einer Laufleistung von rund 85.000 km. Der Pkw soll mit dem heutigen Tag an die Käuferin veräußert werden, wobei die Käuferin jedoch den Pkw erst am [Datum] zur Verfügung gestellt bekommt. Bis dahin soll der Verkäufer das Auto noch nutzen. Die Käuferin hat das Auto nicht nur von einer Kfz-Werkstatt begutachten lassen, sondern hat es auch intensiv in Augenschein genommen und mehrfach Probe gefahren. Darüber hinaus hat der Verkäufer mitgeteilt, dass es mit dem Pkw vor sechs Wochen einen Auffahrunfall gab, bei dem es jedoch nur zum Blechschaden am Pkw

---

[2]Natürlich kann nun der Einwand kommen, dass man die Darstellung der Hintergründe nicht blauäugig vornehmen sollte. Vielmehr kann es Sinn machen, genau zu überlegen, was man in der Präambel darstellt und was nicht. Ich erlaube mir jedoch an dieser Stelle die Meinung, dass diese Denkweise sehr juristisch ist. Der Sinn dieses Buches ist es, Nichtjuristen Tipps an die Hand zu geben, wie sie für sich gerade ohne die Mitwirkung eines Anwalts einen Vertrag besser machen können. Spitzfindigkeiten kann man dann getrost einem Anwalt überlassen, wenn es auf diese ankommt.

gekommen sei. Die Käuferin hat damit kein Problem. Dies vorausgeschickt vereinbaren die Parteien das Folgende:

§ 1 Gegenstand des Kaufvertrages
(1) xxxxx
....
Anmerkung: Aus dieser Präambel lassen sich schon einige wichtige Informationen entnehmen. So handelt es sich offensichtlich um einen Gebrauchtwagen mit nicht unbeträchtlicher Laufleistung. Des Weiteren handelt es sich um einen Unfallwagen. Schließlich wird das Auto sofort verkauft aber noch nicht übergeben, sodass sich die Frage zum Beispiel stellt, was passiert, wenn das Auto zwischen dem jetzigen Zeitpunkt und dem Zeitpunkt der Übergabe in einen weiteren Unfall verwickelt ist. Zu dieser Frage bzw. zu den sonstigen Punkten sollten sich deshalb im weiteren Vertragstext entsprechende Regelungen finden. Fehlen entsprechende Regelungen, dann könnte dies zwischen den Parteien zu Streit führen, weil entsprechende Fragen zwar jetzt schon erkennbar sind, aber nicht geregelt wurden.

Literatur

1. Mayer, D. et al. (2012). The legal environment and business law: Master of accountancy edition. https://2012books.lardbucket.org/books/the-legal-environment-and-business-law-master-of-accountancy-edition/s12-02-the-parol-evidence-rule.html. Zugegriffen: 21. Mai 2020.
2. https://www.lexisnexis.com/community/casebrief/p/casebrief-myskina-v-conde-nast-publ-ns-inc. Zugegriffen: 21. Mai 2020.

3
Die Sprache – Wenn Präzision und Verständlichkeit kollidieren

Die Sprache ist die Kleidung der Gedanken.
Samuel Johnson

Vertragsparteien wissen oftmals nach einiger Zeit nicht mehr, was mit einer Regelung in einem Vertrag beabsichtigt oder gemeint war. Dann kommt es darauf an, was niedergeschrieben wurde. Meiner Erfahrung nach werden hier jedoch „gerne" Fehler gemacht. Dies kommt daher, dass die Sprache, die man selbst verwendet, genau die ist, die man von seinem eigenen Standpunkt aus als allgemeingültig und für jedermann verständlich ansieht. Das ist aber nicht der Fall. Denn Wörter, Ausdrücke oder sprachliche Redewendungen können für verschiedene Personen unterschiedliche Inhalte haben. Dies hängt von dem eigenen Hintergrund ab, in welchem Umfeld eine Vertragspartei aufgewachsen ist, in welchem beruflichen Kontext Sprache verwendet wird, etc. Letztendlich sollte eine Regelung in einem Vertrag aber so formuliert sein, dass diese möglichst von jedermann verstanden wird.

3.1 Sprachliche Präzision

Damit Regelungen in einem Vertrag von jedermann möglichst gleich verstanden werden ist zum einen erforderlich, dass die Formulierungen in sprachlicher Hinsicht präzise sind. Damit ist gemeint, dass möglichst wenig Interpretationsspielraum besteht. Der folgende Satz verdeutlicht dies:

„Der Käufer ist berechtigt, innerhalb einer angemessenen Zeit mehrere Probefahrten mit dem Kfz zu absolvieren. Jede Probefahrt sollte nicht übermäßig lang dauern."

Ich denke, es wird klar, dass in diesen beiden Sätzen mehrere mögliche Probleme zu finden sind. So ist beispielsweise nicht klar, was mit der „angemessenen Zeit" gemeint ist. Des Weiteren ist die Anzahl der Probefahrten nicht ausreichend geregelt – kann der Käufer beispielsweise zehn Probefahrten machen? Normalerweise würde man sagen, dass vielleicht zwei oder drei Probefahrten gemeint sind. Aber das ist ja gerade das Problem: Man weiß es eben nicht.[1] Und schließlich weiß man auch nicht, wann genau eine Probefahrt übermäßig lang ist oder nicht.

Was man stattdessen machen kann, sollte nun schon klar sein: Begrifflichkeiten, deren Bedeutung nicht klar ist, sollten definiert werden. Im obigen Beispiel könnten die beiden Sätze wie folgt verbessert werden:

---

[1]Der Anwalt würde in so einem Fall von „unbestimmten Begriffen" sprechen. Handelt es sich um unbestimmte Rechtsbegriffe, das Wort „unverzüglich" ist beispielsweise ein solcher Begriff, dann kann es eventuell Gesetze oder Gerichtsentscheidungen geben, mit denen die Bedeutung dieses Begriffes geklärt wurde. Bei sonstigen Begriffen jedoch ist dies normalerweise nicht der Fall.

„Der Käufer ist berechtigt, maximal drei Probefahrten innerhalb eines Zeitraums von sieben Werktagen (Montag bis Samstag), gerechnet ab dem heutigen Tag, dem [Datum], mit dem Kfz zu absolvieren. Jede Probefahrt darf nicht länger als 20 Minuten dauern. Für jede angefangene halbe Stunde, die die Dauer von 20 Minuten überschreitet, hat der Käufer …"

Durch diese sprachliche Präzisierung ist nun völlig klar, welche Rechte der Käufer im Hinblick auf die Probefahrt hat. Darüber hinaus wird auch gleich geregelt, was passiert, wenn der Käufer länger als erlaubt die Probefahrt andauern lässt.

Eines sollte dabei natürlich nicht aus den Augen verloren werden: Sprachliche Präzision kollidiert immer mal wieder mit Verständlichkeit. Denn natürlich ist es einfacher und es geht auch schneller, wenn nicht jeder Satz sprachlich geschliffen und dadurch regelmäßig kürzer und schneller zu erfassen ist. Sie als Vertragspartei sollten jedoch immer im Hinterkopf haben, dass es bei einem Vertrag darauf ankommt, ein allgemein, also für jedermann, gültiges Verständnis von dem Inhalt einer vertraglichen Regelung herbeizuführen. Je weniger Präzision in der Sprache vorhanden ist, umso größer ist die Gefahr, dass sich bei einer Regelung Interpretationsspielräume ergeben – und dadurch wiederum die Wahrscheinlichkeit, dass über den Inhalt einer Regelung diskutiert oder sogar gestritten wird.

3.2 Fachwörter und Umgangssprache

Ein weiterer wichtiger Punkt in Bezug auf Sprache ist, wie mit Umgangssprache und mit Fachwörtern umgegangen wird. Im Grunde genommen geht es um das gleiche

Problem wie bei der Verwendung von Sprache im Allgemeinen: Es muss klar sein, was einzelne Wörter, sei es durch deren umgangssprachliche Verwendung, sei es, weil sich in bestimmten Bevölkerungsgruppen oder Berufen gewisse Begriffe eingebürgert haben, in einem bestimmten Kontext oder Zusammenhang bedeuten. Insbesondere bei Wörtern, die von bestimmten Berufsgruppen, wie zum Beispiel Softwareprogrammierern oder Herstellern bestimmter Produkte wie Plastikrohre, verwendet werden, wird von diesen Personen oftmals voreilig vorausgesetzt, dass die Bedeutung dieser Wörter jeder anderen Person bekannt ist. Aus meiner eigenen Erfahrung kann ich beispielsweise sagen, dass von vielen Startups eingedeutschte englische Begriffe in Vertragswerken verwendet werden. Hier tritt die Problematik offen hervor, denn die Begriffe, die verwendet werden, gibt es oftmals gar nicht bzw. haben es noch gar nicht in den allgemeinen Sprachgebrauch geschafft. Fehlt dann noch die Einsicht, dass es andere Menschen gibt, die diese Begriffe nicht verstehen, ist Chaos, im schlimmsten Fall sogar Streit, fast schon vorprogrammiert.

Woher das Problem kommt, ist schnell zu erkennen. Die Vertragsparteien gehen davon aus, dass es reicht, wenn eine von ihnen bzw. wenn beide wissen, was mit einem Begriff gemeint ist. Sie verkennen jedoch, dass im Falle eines Streits ein nicht unmittelbar Beteiligter, ein Richter, den Streit zu entscheiden hat, der jedoch das Wort, auf das es ankommt, nicht unbedingt kennt bzw. es möglicherweise anders versteht als die Vertragsparteien.

Diese Problematik kann man immerhin relativ leicht in den Griff bekommen. Insbesondere Fachbegriffe werden einfach mit einer Definition versehen, sodass klar ist, wie dieser Begriff zu verstehen ist. Etwas schwieriger im Umgang sind die Begriffe, die zwar im normalen Sprachgebrauch verwendet werden, unter denen jedoch jeder

3 Die Sprache – Wenn Präzision ...

etwas anderes versteht. Dazu gehören beispielsweise Zeitangaben, aber auch Begriffe, die auf den ersten Blick eindeutig sind, auf den zweiten aber viel Raum für Interpretation bieten – wie beispielsweise Schokolade[2].

„Die Lieferung ist unverzüglich auf Transportschäden zu untersuchen und diese Beschädigungen dem Verkäufer sofort anzuzeigen."

In diesem Satz sind zwei Probleme enthalten, nämlich bei der Definition der Wörter „unverzüglich" und „sofort"[3]. Wann etwas unverzüglich bzw. sofort gemacht ist, ist eine Definitionssache – bedeutet „sofort" dann, dass man alles stehen und liegen lassen muss, um die Anzeige durchzuführen? Das kann eigentlich nicht sein – aber eine Gewissheit besteht nun mal nicht. Beseitigen kann man diese Ungenauigkeit, indem man die entsprechenden Begriffe definiert:

---

[2]Dieses auf den ersten Blick eindeutige Wort offenbart seine Tücken, wenn man mal darüber nachdenkt, was eigentlich Schokolade ausmacht: Regelmäßig geht es um den Kakaogehalt. Bedenkt man, dass grundsätzlich ein höherer Kakaogehalt die Schokolade teurer macht, dann wird schnell ersichtlich, dass hier viel Raum für Streit besteht. Beispielsweise versteht ein Käufer unter „Lieferung von 100 kg Schokolade" eine mit einem Kakaogehalt von 70 %, weil er diese beim Verkäufer verkostet hat, der Verkäufer jedoch hat diese Schokolade nur als Beispiel für Schokolade aus einem bestimmten Land genommen, er hat sich aber darüber hinaus nicht auf einen Kakaogehalt bezogen.

[3]Juristen wenden natürlich ein, dass es eine Definition von „unverzüglich" in § 121 Abs. 1 des Bürgerlichen Gesetzbuches (BGB) gibt – unverzüglich bedeutet „ohne schuldhaftes Zögern". Allerdings kommt es bei der Anwendung dieser Definition auch immer auf den jeweiligen Einzelfall an, sodass diese Definition letztendlich in unterschiedlichen Fällen unterschiedliche Zeiträume meint. Besser ist es deshalb meiner Meinung nach zu definieren, innerhalb welchem Zeitraum ein Zögern nicht schuldhaft ist.

„Die Lieferung ist unverzüglich (spätestens 3 Tage nach Erhalt der Lieferung) auf Transportschäden zu untersuchen und diese Beschädigungen dem Verkäufer sofort (innerhalb von 24 Stunden nach der Entdeckung im Rahmen der Untersuchung) anzuzeigen."

3.3 Widersprüchliche Regelungen

Auf einen letzten Punkt möchte ich noch hinweisen, da dieser die Sprache betrifft, aber nicht immer offensichtlich ist. Es geht um die widersprüchlichen Regelungen, also um Regelungen, die jeweils unterschiedliche Bedeutungen aufweisen. Zu Widersprüchen kann es dann kommen, wenn nicht darauf geachtet wird, ob es schon eine entsprechende Regelung mit abweichendem Regelungsgehalt gibt. Insbesondere bei sehr umfangreichen Verträgen kann das vorkommen, aber auch dann, wenn mehrere Regelungswerke gleichzeitig gelten sollen.

In den Griff bekommt man diese Problematik natürlich zum einen durch sorgfältiges Lesen eines Vertrages. Zum anderen kann man sog. „Prioritätsregelungen" einfügen, die insbesondere bei gleichzeitiger Geltung mehrerer Regelungswerke klären, welches Werk Priorität hat.

„Zwischen den einzelnen Vertragswerken besteht folgende Rangfolge, mit 1 als höchsten Rang:

1. Kaufvertrag
2. Allgemeine Einkaufsbedingungen
3. Qualitätssicherungsvereinbarung
4. Rahmenvereinbarung"

Werden dann unterschiedliche Regelungen oder Definitionen in den verschiedenen Regelungswerken gefunden, ist klar, welche dominiert.

> **Zusammenfassung**
>
> Eine klare Sprache hilft, Missverständnisse zu vermeiden, weshalb die Ausdrucksweise präzise und die Satzstrukturen klar sein sollten. Umgangssprache ist zu vermeiden, Begrifflichkeiten, und das gilt nicht nur für Fremdwörter, sind zu erläutern – im Zweifel muss auch ein Dritter ohne Nachfragen wissen, was mit einer Regelung, einem Wort oder einem Begriff gemeint ist. Schließlich ist darauf zu achten, dass sich keine Widersprüche zwischen einzelnen Regelungen bzw. einzelnen Regelungswerken ergeben.

4
Die eigene Meinung – Worauf es beim Inhalt nicht ankommt

Jeder meint, dass seine Wirklichkeit die richtige Wirklichkeit ist.

Hilde Domin

> Es ist schon ein paar Mal angeklungen: Oftmals sind die Parteien der (unbewussten) Ansicht, dass es maßgeblich auf ihre Meinung ankommt, wenn es um den Inhalt eines Vertrages geht. Mit anderen Worten: Was sie in einer Regelung an Inhalt erkennen, das ist dann auch der einzig wahre Inhalt. Nichts ist jedoch weiter von der Wahrheit entfernt. Denn für einen Vertrag bedarf es regelmäßig zwei oder mehr Parteien, was zwangsläufig bedeutet, dass es damit zwei oder mehr maßgebliche Meinungen gibt. Im Optimalfall stimmen diese Meinungen überein. Problematisch wird es, wenn dies nicht der Fall ist.

4.1 Die Wahrheit über die zuständigen Richter

In diesem Zusammenhang muss ich kurz über die Qualifikationen von Richtern sprechen, in bestimmten Einzelfällen Entscheidungen treffen zu können. Es besteht der weitverbreitete Irrglaube, dass ein Fall zu einem bestimmten Richter kommt, weil dieser auf dem Gebiet, in dem der Fall angesiedelt ist, über eine bestimmte Kompetenz verfügt. Das ist jedoch nicht richtig. Damit gerade die Unabhängigkeit richterlicher Entscheidungen gewahrt bleibt, werden die Fälle, die bei einem Gericht anhängig werden, nach einem sog. Geschäftsverteilungsplan auf die verfügbaren Richter aufgeteilt. Dabei ist grundsätzlich unerheblich, über welche Erfahrung ein Richter verfügt, ob er ein bestimmtes Spezialwissen hat oder ob es sich um einen Mann oder eine Frau handelt.

Entscheidend ist lediglich, dass der Fall überhaupt zu einem bestimmten Richter kommt. Kann nun ein Richter einen Fall ablehnen? Im Regelfall kann er das nicht. Heißt das dann, dass der Richter den Fall entscheiden muss, auch wenn er gar nicht weiß, worum es geht? Nun, zu einem gewissen Grad ist das der Fall. Allerdings muss der Richter dafür sorgen, dass er sich das notwendige Wissen aneignet bzw. falls erforderlich Sachverständige herbeizieht, um das notwendige Wissen für den speziellen Fall zu erlangen[1].

---

[1]Daraus wird ersichtlich, dass es nicht dramatisch ist, wenn ein Richter nicht selbst über das erforderliche Wissen verfügt, um einen Streit zu entscheiden. Solange er die Möglichkeit hat, auf das erforderliche Wissen zuzugreifen, gibt es kein Problem.

Wichtig ist nun, was daraus für die Vertragsgestaltung zu folgern ist. Denn nun wird klar, dass möglicherweise der Richter kein Spezialist in dem Bereich ist, um den sich der Vertrag dreht. Damit aber nun der Richter den Vertrag versteht und überblicken kann, was die Parteien eigentlich wollten und was sie deshalb geregelt haben, ist es erforderlich, dass der Vertrag für möglichst viele Personen verständlich ist. Es sollte eben am besten kein Spezialwissen nötig sein, um den Vertrag zu verstehen, bzw. erklärungsbedürftige Regelungen sollten am besten direkt aus dem Vertrag heraus verständlich sein und es sollten keine weiteren Erläuterungen von außerhalb des Vertrages notwendig sein.

4.2 Handlungsempfehlung: Der „Laien-Test"

Damit bleibt nun aber noch eine Frage offen: Wie schafft man es, dass der Text eines Vertrages so formuliert wird, dass ihn auch jemand versteht, der nicht über ein Spezialwissen wie die Vertragsparteien verfügt. Dafür empfehle ich einen einfachen Test:

Man gibt den Vertrag einfach dem Partner oder der Partnerin bzw. einem Freund oder einer Freundin zu lesen. Diese Person soll dann anschließend selbst zusammenfassen, was mit einer Regelung bezweckt wird bzw. wie eine bestimmte Regelung ihrer Meinung nach zu verstehen ist. Dies funktioniert am besten, wenn die Person, die lesen und verstehen soll, keine juristische Vorbildung hat, also möglichst unbedarft an diesen Test herangehen kann[2].

Wenn nun schon diese Person Probleme hat, den Inhalt der Regelung zu erfassen, weil die Formulierung zu kompliziert, die Sätze zu verschachtelt oder die verwendeten Wörter nicht klar sind, dann ist das ein eindeutiges Zeichen dafür, dass sich auch andere Personen, sogar ein Richter, mit dieser Regelung schwer tun werden. In diesem Fall ist es dringend angeraten, die Regelung zu überarbeiten und insbesondere in sprachlicher Hinsicht zu vereinfachen. Dabei kann Vereinfachen bedeuten, dass Definitionen von Wörtern ergänzt werden oder sogar Beispiele, insbesondere bei Berechnungsregelungen, aufgenommen werden. Sie sollten dabei nicht vergessen: Es geht bei einem Vertrag nicht um besondere sprachliche Schönheit oder ein möglichst tolles Design, sondern darum, dass er den Zwecken der Parteien dient und das, was geregelt werden muss, so regelt, dass die Parteien keine Zweifel haben, was ihre Rechte und Pflichten sind[3].

---

[2]In diesem Zusammenhang noch ein paar Hinweise: Natürlich soll diese Person nicht den gesamten Vertrag lesen und dann wiedergeben, wie sie ihn verstanden hat. Das ist normalerweise nicht erforderlich und macht regelmäßig keinen Sinn, weil Verträge sehr umfangreich und lang sein können und nicht jede Regelung die gleiche Wertigkeit hat. Am sinnvollsten ist es, wenn einzelne Regelungen überprüft werden sollen, die für eine Partei einen besonderen Stellenwert haben. Wichtig ist auf jeden Fall, dass die Person versuchen muss, den Inhalt einer Regelung mit eigenen Worten zu erläutern. Denn nur so können Sie erkennen, ob überhaupt verstanden wurde, welche Bedeutung eine bestimmte Regelung hat.
[3]Mir ist natürlich bewusst, dass Anwälte jetzt gequält aufstöhnen werden. Denn diese versuchen natürlich immer, Formulierungen möglichst elegant und präzise zu erstellen. Gut, dass Anwälte nicht die Zielgruppe dieses Buches sind …

4 Die eigene Meinung – Worauf es beim ...

Zusammenfassung

Sie sollten niemals vergessen: Die eigene Meinung ist bei der Frage, wie ein Vertrag zu verstehen ist, als ausschließliches Kriterium zweitrangig. Derjenige, der ein Regelung anwenden bzw. einen Disput entscheiden muss und dabei keine Vertragspartei ist, liest einen Vertrag regelmäßig unbedarft, ohne die Vorkenntnisse der Parteien und so neutral wie möglich. Sind bestimmte Ansichten entscheidend oder kommt es auf bestimmte Formulierungen oder Wörter an, dann müssen diese für einen Dritten aus dem Vertrag heraus verständlich sein. Muss man erst bei den Parteien nachfragen, wie eine Regelung zu verstehen ist, dann sind Schwierigkeiten vorprogrammiert, wenn die andere Partei eine andere Meinung hat und sich keine Hilfestellung für das richtige Verständnis einer Regelung aus dem Vertrag ergibt.

5
Die Leistungen – Was jede Partei vom Vertragspartner will

Das Tüchtige, wenn's wahrhaft ist, wirkt über alle Zeiten hinaus.
Johann Wolfgang von Goethe

> Ein Vertrag ist das Gestaltungsinstrument der rechtlichen Beziehung zwischen mindestens zwei Parteien. Seine Aufgabe ist es, klar herauszustellen, welche Rechte und Pflichten eine jede Partei hat, insbesondere natürlich gegenüber der oder den anderen Partei/-en. Hinter diesen Rechten und Pflichten stehen unterschiedliche Ziele und Erfolge, die jede Partei im Vertrag mit dem Vertrag bezweckt und über meist wechselseitige Verpflichtungen erreicht werden sollen. Darüber hinaus definiert ein Vertrag die unterschiedlichen Risiken, die auf die Parteien verteilt werden.

5.1 Leistungen als zentraler Inhalt eines Vertrages

Die Frage ist nun, auf was sich die Rechte und Pflichten der Parteien beziehen. Denn diese stehen ja nicht einfach im Raum, sondern bekommen ihre Bedeutung durch einen Bezugspunkt. Dieser Bezugspunkt ist die sog. „Leistung", also das, was eine Partei aufgrund des Vertrages machen soll. Was eine Leistung ist, das ergibt sich nach dem deutschen Recht aus § 241 Abs. 1 BGB: Eine Leistung ist ein Tun, Dulden oder Unterlassen, zur Erfüllung einer Schuld. Dabei bestimmt sich der Inhalt dieser Leistung regelmäßig nach dem Vertragstyp, zumindest wenn es sich um einen Standardvertragstyp handelt.

> Bei einem Kaufvertrag, der in den §§ 433 ff. BGB geregelt ist, besteht beispielsweise die Leistung des Verkäufers in der Übergabe und Übereignung einer Sache, die Leistung des Käufers in der Zahlung des Kaufpreises und der Abnahme der Sache.

5.2 Vertraglich geregelte Leistungen

Schwieriger wird es jedoch, wenn es sich nicht um einen Standardvertragstyp handelt, bzw. wenn der Leistungsgegenstand durch den Vertrag erst genauer bezeichnet wird. Die dahinterstehende Problematik lässt sich besser verstehen, wenn man sich einmal die folgenden Beispiele ansieht:

1. „Vermietet wird ein Raum in dem Haus in der Eichhornstraße 2 in Würzburg."
2. „Der Auftragnehmer verpflichtet sich zur Erstellung einer Software zur Verwaltung von Kundendaten."

Hier stellt sich im ersten Beispiel sofort die Frage, um welchen Raum es sich handelt. Im zweiten Beispiel ist unklar, über welche Features die Software verfügen muss, also welche Arten von Kundendaten in welcher Art und Weise verwaltet werden sollen.

In solchen einfachen Fällen wird man das Problem schnell erkennen und entsprechend die Formulierung präzisieren. Denn die Leistung, um die es in den beiden Beispielen geht, ist ja im Regelfall auf die Vermietung eines bestimmten Raumes bzw. die Erstellung einer Software mit bestimmten Eigenschaften und Funktionen gerichtet. Den verwendeten Formulierungen in den beiden Beispielen fehlt jedoch gerade die erforderliche Bestimmtheit, was aber noch relativ leicht erkannt werden kann.

Vielfach jedoch lassen sich die mangelhaften Beschreibungen einer Leistung nicht so einfach entdecken, wie das folgende Beispiel zeigt.

> **Beispiel**
>
> Ein deutsches Unternehmen verkauft an ein Unternehmen in Argentinien eine Maschine. Die Bezahlung des Kaufpreises soll 4 Wochen nach Lieferung der Maschine an den Käufer erfolgen. Die Parteien haben folgende Regelung getroffen:
>
> „Der Kaufpreis beträgt US$ 94.500,00 und ist spätestens acht (8) Wochen nach Lieferung der Maschine an den Käufer auf dessen zu benennendes Bankkonto zu zahlen."

Vielleicht haben Sie schon eine Idee, wo sich hier Probleme verstecken könnten? So stellt sich beispielsweise die Frage, was Bezahlung im vorliegenden Fall bedeutet. Man könnte nämlich einerseits annehmen, dass die Durchführung der Überweisung gemeint ist, andererseits der Eingang des Geldes auf dem Bankkonto des Käufers. Darüber hinaus lautet der Kaufpreis in US-amerikanischen Dollar. Die Währungen von US-amerikanischen Dollar, Euro und dem argentinischen Peso schwanken jedoch untereinander. Es ist nun möglich, dass die Zahlung von US$ 94.500,00 nach Ablauf der acht Wochen weniger Euro wert ist als zu Beginn der Acht-Wochen-Frist. Genauso kann sich der Kaufpreis für den Käufer in dem Zeitraum der acht Wochen unter Umständen signifikant erhöhen.

Sinnvoll ist es in so einem Fall, die Regelung zu präzisieren, damit der Umfang der Leistungspflicht klar wird:

„Der Kaufpreis beträgt US$ 94.500,00 und ist spätestens acht (8) Wochen nach Lieferung der Maschine an den Käufer auf dessen zu benennendes Bankkonto zu zahlen. Maßgeblich für die Rechtzeitigkeit der Zahlung ist die Wertstellung auf dem Konto des Verkäufers. Die Parteien unterstellen für die Zahlungen einen Wechselkurs von US$ 1,05 für EUR 1,00. Der Kaufpreis beträgt damit EUR 90.000,00. Ändert sich der Wechselkurs zum Nachteil des Verkäufers, dann ist der Käufer verpflichtet, einen entsprechend erhöhten Dollarbetrag zu zahlen. Stichtag für den Wechselkurs ist der Tag der Überweisung des Kaufpreises. Jede Partei hat die sich für sie aus der Zahlung ergebenden Gebühren und Kosten selbst zu tragen."

Die so präzisierte Formulierung weist nun mehrere Verbesserungen auf. Zuerst ist nun klar, dass der Geldeingang für die fristgerechte Zahlung entscheidend ist. Des Weiteren ist der Kaufpreis in Euro klar, sodass dem Käufer das Risiko einer ungünstigen Wechselkursentwicklung aufgebürdet wird. Und schließlich haben die Parteien noch eine Regelung getroffen, wie mit eventuell anfallenden Gebühren und Kosten, beispielsweise vonseiten der jeweiligen Bank, umzugehen ist.

5.3 Unvollständige Leistungsbeschreibungen

Schwerwiegender sind jedoch die Fälle, in denen die Parteien – manchmal sogar bewusst – die Leistungen nur unzureichend beschreiben[1].

> **Beispiel**
>
> Ein Kunde verlangt von einer Marketingagentur die Erstellung einer Marketingkampagne sowie die Anfertigung der entsprechenden Marketingmaterialien. Was mit der Kampagne erreicht werden soll, ist jedoch zu Beginn der Erstellung der Kampagne noch nicht klar. Die Parteien sind jedoch der Ansicht, dass das Ziel der Kampagne im weiteren Verlauf der Bearbeitung erkennbar wird. Die Agentur bekommt im weiteren Verlauf keine Vorgaben durch den Kunden und erstellt daher eine Kampagne, die ihrer Meinung nach für den Kunden sinnvoll ist. Der Kunde aber hat inzwischen eine bestimmte Vorstellung hinsichtlich der Kampagne entwickelt, diese jedoch nicht kommuniziert und ist mit der Kampagne nicht zufrieden. Es kommt zum Streit über die Vergütung für die Arbeiten der Marketingagentur.

Dieses Beispiel zeigt die Problematik einer unzureichenden oder sogar fehlenden Leistungsbeschreibung in ganzer „Pracht". Rufen Sie sich noch einmal in Erinnerung, was der Sinn und Zweck eines Vertrages ist: Er soll die Beziehung zwischen den Parteien möglichst stressfrei

---

[1] Ich erlebe dies manchmal sogar mit der Begründung, dass man ja „zum jetzigen Zeitpunkt noch gar nicht sagen könne, was genau zu leisten sei". Ein „gutes" schlechtes Beispiel sind dafür Softwareentwicklungsverträge, bei denen die Parteien der Ansicht sind, dass sich der genaue Inhalt einer Software erst nach und nach erkennen lasse und deshalb erst zu einem späteren Zeitpunkt genau zu bestimmen wäre, was beispielsweise programmiert werden soll.

regeln. Damit dies jedoch erfolgen kann, muss ganz genau geklärt sein, welches Tun, Dulden oder Unterlassen eine Partei erbringen muss. Dies gilt insbesondere dann, wenn an die Erbringung oder Nichterbringung der vertraglichen Leistungen Folgen geknüpft sind, wie im vorliegenden Beispiel die Zahlung einer Vergütung. Die Verpflichtung zur Leistung der Vergütung besteht ja nur, wenn die Ausgangsleistung, also im vorliegenden Fall die Erstellung einer vertragsgemäßen Marketingkampagne, erbracht wurde. Wie jedoch soll man dies beurteilen können, wenn die Leistung nicht oder nur unvollständig beschrieben ist bzw. sich auch sonst nicht erkennen lässt[2]?

Darüber hinaus können Inhalte einer Leistungsbeschreibung manchmal versteckt sein und so Probleme aufwerfen oder es kann zu nicht ohne Weiteres ersichtlichen Ungenauigkeiten in der Leistungsbeschreibung kommen.

> **Beispiele**
> 1. „Der Auftragnehmer verpflichtet sich zur Herstellung von Produkten, die die vertraglichen vereinbarten Spezifikationen aufweisen und für die beabsichtigte Verwendung durch den Auftraggeber geeignet sind."
> 2. „Der Auftragnehmer verpflichtet sich, 20 % der Wertschöpfung aus dem Auftrag in dem Land zu erbringen, in welchem der Auftraggeber seinen Sitz hat."
> 3. „Ergänzend zu den in diesem Vertrag geregelten Spezifikationen gelten die Spezifikationen, die in der Produktbeschreibung unter [Webadresse] aufgeführt sind. Der Auftragnehmer ist verpflichtet, die Produktbe-

---

[2]In manchen Fällen hilft das Gesetz, regelmäßig das BGB, weiter. So wird zum Beispiel im Rahmen eines Kaufvertrages in § 434 Abs. 1 BGB auf die „vertragliche Verwendung" einer Sache oder die „übliche Verwendung" einer Sache abgestellt. Leider gibt es solche Regelungen nicht für alle Arten von Verträgen, weshalb gerade die Klarstellung im Vertrag erforderlich ist.

> schreibung unter [Webadresse] nach Aktualisierungen abzuprüfen und dem Auftraggeber innerhalb von 3 Tagen mitzuteilen, wenn sich aus der Produktbeschreibung Schwierigkeiten im Hinblick auf die vereinbarte Verwendung der Produkte ergeben können."

Im ersten Beispiel ist der problematische Ausdruck in der „beabsichtigten Verwendung" zu sehen. Denn diese sog. „Verwendungsabsicht" hat zur Folge, dass der Auftragnehmer sich überlegen muss, wie die Produkte, die er herstellen soll, verwendet werden können. Dabei sind im Hinblick auf die Verwendung jedoch keine Grenzen gesetzt! Im Regelfall kann der Auftragnehmer gar nicht alle Fälle abschätzen und es ist deshalb leicht, dass er in einen Gewährleistungs- oder Haftungsfall hineingerät.

In den beiden anderen Beispielen scheint auf den ersten Blick klar zu sein, was die Parteien vereinbart haben. Bei genauer Betrachtung wird jedoch klar, dass die Details der Vereinbarung gerade nicht deutlich sind. Wie ist schon eine Wertschöpfung im Allgemeinen zu berechnen und wie erfolgt die Berechnung im Detail, um den 20 %-Anteil bestimmen zu können? Auf welche Schwierigkeiten genau muss der Auftragnehmer den Auftraggeber hinweisen? Und was ist eigentlich mit „Wertschöpfung" gemeint?

5.4 Unerwünschte bzw. nicht benötigte Leistungen

Schließlich kommt es manchmal vor, dass bestimmte Leistungen aufgrund von gesetzlichen Regelungen oder in den Vertrag einbezogene Beschreibungen einer Partei auferlegt werden, obwohl diese Leistungen nicht erwünscht sind oder nicht benötigt werden. Dies gilt beispielsweise für Aufklärungs- oder Informationspflichten, aber auch für Spezifikationen, die zum Beispiel in einem veralteten Lastenheft, welches Vertragsinhalt ist, enthalten sind. Eine genaue Leistungsbeschreibung erfordert deshalb, dass die Parteien auch regeln, was keine vertraglich geschuldete Leistung darstellen soll. Gerade dieses „umgekehrte Denken", also das Denken an Leistungen, die nicht geschuldet sind, erfordert eine sorgfältige Vorgehensweise beim Durchdenken der Beschreibung der Leistungen.

> **Zusammenfassung**
>
> Sie sollten immer im Hinterkopf haben, dass im Zweifel ein Dritter, der die Vertragsparteien nicht kennt, verstehen muss, was jede Partei im Rahmen des Vertrages leisten soll. Deshalb müssen die einzelnen Leistungen, also das, was zu tun, dulden oder unterlassen ist, möglichst genau beschrieben sein. Dabei muss diese Beschreibung so beschaffen sein, dass sich der gesamte Umfang der Leistung mit allen Details aus dem Vertrag selbst ergibt. Dabei ist zu bedenken, dass regelmäßig jede Partei Leistungen zu erbringen hat, seien es Tätigkeiten, Zahlungen, Mitwirkungshandlungen oder ähnliches. Und man sollte nicht vergessen, dass je nach Vertragstyp auch das Gesetz Leistungen vorgibt, die jedoch nicht immer benötigt werden. Diese sind dann auszuschließen, sofern das möglich ist.

6

Die Änderungen – Wenn Umstände nachträglich neu zu bewerten sind

Nichts ist so beständig wie der Wandel.

Heraklit von Ephesos

Manchmal ändern sich Umstände. In Bezug auf einen Vertrag kommt das beispielsweise vor, wenn die Abwicklung eines Vertrages sich über einen längeren Zeitraum erstreckt oder sich aufgrund von neuen gesetzlichen Regelungen oder Gerichtsentscheidungen die Rahmenbedingungen eines Vertrages ändern. Nun muss man dazu wissen, dass solche Änderungen grundsätzlich nichts Besonderes sind und sehr oft vorkommen. In vielen Ländern sind beispielsweise die Regelungen von Inhaltsstoffen für bestimmte Produkte oder bestimmte Grundstoffe wie Plastiksorten häufigen und schnellen Änderungen unterworfen, wenn sich beispielsweise bestimmte Stoffe als giftig herausstellen oder aufgrund von politischen Entscheidungen nicht mehr verwendet werden dürfen. Es stellt sich jedoch die Frage, welche Auswirkungen solche Änderungen auf Verträge haben.

6.1 Die Auswirkungen von Änderungen auf Verträge

Die Antwort auf diese Frage ist grundsätzlich eindeutig: Änderungen von Umständen haben grundsätzlich erst einmal keine Auswirkungen auf einen Vertrag. Das bedeutet, dass die sich aus einem Vertrag ergebenden Verpflichtungen von jeder Partei weiterhin trotz der Änderungen zu erfüllen sind. Dies gilt auch dann, wenn aufgrund einer Änderung von Umständen die Erbringung einer Leistung gar nicht mehr möglich ist.

> **Beispiel**
>
> Zur Herstellung eines bestimmten Mobilfunkgeräts wird eine seltene Erde, ein besonderer Rohstoff, benötigt. Diese seltene Erde gibt es nur in einem einzigen Land der Erde. Dieses Land erlässt eines Tages einen Ausfuhrstopp dieser seltenen Erde – keine noch so kleine Menge dieses Rohstoffes darf das Land verlassen. Ein Hersteller von Mobilfunkgeräten, die, um zu funktionieren, den Einbau dieser seltenen Erde erfordern, kann deshalb keine funktionsfähigen Mobilfunkgeräte mehr herstellen, die ein Käufer in hoher Stückzahl schon gekauft und bezahlt hat.

Parteien unterschätzen regelmäßig, wie häufig solche Änderungen von Umständen vorkommen können. Diese Änderungen treffen sie dann unvorbereitet. Dabei ist es oftmals einfach, sich auf solche Änderungen vorzubereiten.

6.2 Auswirkungen auf den Vertrag als solchen

Dabei stellt sich zuerst die Frage, was mit dem Vertrag insgesamt passiert, wenn sich bestimmte Umstände ändern. Im obigen Beispiel hätten die Parteien bedenken sollen, dass in diesem Fall an eine Leistungserbringung gar nicht mehr zu denken ist. Die Mobilfunkgeräte erfordern den Einbau spezifischer seltener Erden, die nach dem Exportstopp einfach nicht mehr verfügbar sind. Die Lieferung der schon gekauften und bezahlten Mobilfunkgeräte ist damit nicht mehr möglich. Allerdings beruht diese nicht mehr bestehende Möglichkeit der Lieferung auf einem Umstand, den der Verkäufer gar nicht beeinflussen kann. Es sollte deshalb nicht nur an den Käufer gedacht werden, der nun keine Mobilfunkgeräte mehr geliefert bekommen kann, sondern auch an den Verkäufer, der unter Umständen schon Aufwendungen getätigt und Kosten gehabt hat, die im Rahmen des Umgangs mit den Änderungen zu berücksichtigen sind.

Damit ist klar, auf was Parteien im Rahmen einer Vertragsgestaltung achten sollten. Es kommt nämlich nicht darauf an, dass alle konkreten Änderungen, die möglicherweise auftreten können oder werden, im Vertrag erfasst sind. Diese können in all ihren Ausprägungen gar nicht abgesehen werden, da dies einen glasklaren Blick in die Zukunft erfordern würde. Vielmehr sollten die Parteien sich überlegen, welche allgemeinen Folgen eine Änderung von Umständen mit sich bringen kann und wie das eventuell den Vertrag und die Erbringung von Leistungen beeinträchtigt.

Das kann zum Beispiel bedeuten, dass Regelungen aufgenommen werden, wie man sich von einem Vertrag insgesamt lösen kann oder unter welchen Umständen ein Vertrag insgesamt „ruht" und erst nach einer Zeit so angewendet wird, als wäre er gerade erst geschlossen worden.

6.3 Auswirkungen auf Vertragsbestandteile

Viel relevanter ist es jedoch, dass sich Änderungen nicht am gesamten Vertrag, sondern nur für einzelne Vertragsteile ergeben. Das kann beispielsweise der Fall sein, wenn Mitarbeiter als Ansprechpartner wechseln, es zu Verzögerungen bei einer Lieferung kommt oder sich Änderungen beim Preis oder bei einem der Preiskalkulation zugrunde liegenden Faktor ergeben.

> **Beispiele**
>
> 1. Zur Herstellung eines Stuhlsets durch einen Schreiner wird ein bestimmtes Holz benötigt. Der Preis für das Set wird unter Berücksichtigung eines bestimmten Holzpreises kalkuliert. Nun verdoppelt sich der Preis, den der Schreiner für das Holz zahlen muss.
> 2. Es sollen Ersatzteile von Deutschland in ein bestimmtes Land geliefert werden. Wegen plötzlicher Kriegshandlungen in diesem Land sind mehrere Straßen dort derzeit nicht befahrbar, es ist aber abzusehen, dass diese in der nahen Zukunft wieder befahrbar werden.
> 3. Ein Unternehmen soll im Ganzen verkauft werden. Der Kaufpreis beträgt EUR 500.000,00. Nach dem Stichtag für den Verkauf taucht unerwartet eine Steuerforderung in Höhe von EUR 200.000,00 gegenüber dem Unternehmen auf, die bezahlt werden muss.

In all diesen Fällen geht es um jeweils einzelne Teile des Vertrages, bei denen sich Umstände geändert haben. Parteien sollten deshalb überlegen, welche Teile eines Vertrages möglicherweise von Änderungen betroffen sein könnten. Dies sind oftmals Termine und Preise, aber auch Ansprechpartner sowie die Zusammensetzung bzw. Teile von Produkten. Sofern es sich um relevante und für einen oder alle Parteien wichtige Teile des Vertrages handelt, sollte überlegt werden, wie man im Vorfeld mit solchen Änderungen umgehen würde, und entsprechende Regelungen in den Vertrag aufnehmen.

Ein ergänzender Hinweis
Neben den vorgenannten inhaltlichen Fragen sollten sich Parteien auch darüber Gedanken machen, wie das Verfahren einer Änderung des Vertrages aussehen soll. Was im ersten Moment trivial klingt, kann gravierende Folgen haben.

> Man denke nur einmal daran, dass ein Mitarbeiter einer der Vertragsparteien an einen Mitarbeiter der anderen Partei, den er dort gut kennt, eine E-Mail schreibt und verlangt, dass etwas am Vertrag geändert wird. Der Empfänger der E-Mail ist gutmütig, kommt der Änderung nach und diese wird dann auch so umgesetzt. Nach einem halben Jahr wird dies bemerkt, aber der Mitarbeiter, der diese Änderung gewünscht hat, ist inzwischen nicht mehr bei dem Unternehmen beschäftigt.

Es wird schnell klar, wo das Problem liegt. Zum einen stellt sich die grundlegende Frage, ob diese beiden Mitarbeiter überhaupt Änderungen am Vertrag vornehmen durften, insbesondere vor dem Hintergrund, dass diese Änderungen wohl gar nicht weiter in den jeweiligen

Unternehmen bekannt gegeben wurden. Zum anderen aber ist nun problematisch, dass die Änderungen, unerheblich ob diese zulässig waren oder nicht, umgesetzt wurden. Vielleicht kann man diese gar nicht mehr rückgängig machen. Welche Folgen können sich daraus nun ergeben?

Parteien tun deshalb gut daran, neben der Regelung zur Möglichkeit einer Vertragsänderung auch Regelungen aufzunehmen, die festhalten, in welcher Weise die Änderungen durchzuführen sind. Dazu gehört beispielsweise die Festlegung, wer Änderungen verlangen oder akzeptieren kann, in welcher Form eine Änderung beantragt werden muss (per Einschreiben, per E-Mail etc.) und wie diese und der dann geänderte Vertrag zu dokumentieren sind. Des Weiteren stellt sich die Frage, ob es Regelungen zu Fristen geben soll, innerhalb derer Änderungen angenommen oder abgelehnt werden können.

> **Zusammenfassung**
>
> Umstände, die den Parteien für einen Vertrag wichtig sind, können sich ändern – durch äußere Umstände aber auch durch neue Erkenntnisse bei einer oder allen Parteien. Manchmal ergibt sich während der Vertragsausführung Änderungsbedarf, manchmal werden bestimmte Aspekte einfach von den Parteien nicht bedacht und erst zu einem späteren Zeitpunkt bemerkt. Verträge müssen dies berücksichtigen und darauf vorbereitet sein, sei es durch Änderungsklauseln für einzelne Vertragsteile, sei es – wenn gar nichts anderes mehr geht – durch die Möglichkeit einer vorzeitigen Beendigung des Vertrages.

7

Die Geltungsdauer – Wann geht es los und wann kommt das Ende

Wenn die Zeit kommt, in der man könnte, ist die vorüber, in der man kann.

Marie von Ebner-Eschenbach

> Wie so ziemlich alles im Leben hat auch ein Vertrag einen Beginn und ein Ende. Während jedoch der Beginn zumindest noch erkannt werden kann, bereitet das Ende regelmäßig Probleme. Und manchmal gibt es sogar Fälle, in denen ein Ende gar nicht vorgesehen ist und nur unter erheblichen Schwierigkeiten herbeigeführt werden kann.

Damit es in diesem Zusammenhang nicht zu Problemen kommt, sollten Parteien immer daran denken, den genauen Anfang und das genaue Ende festzulegen. Darüber hinaus kann es wichtig sein zu wissen, ob ein Vertrag vorzeitig beendet werden kann. Und schließlich sollten die Parteien für den Fall der Beendigung entsprechend vorsorgen und regeln, ob die Beendigung zu bestimmten Rechten und Pflichten führen kann und was diese Rechte und Pflichten sind.

Bei der ganzen Diskussion um den Beginn eines Vertrages sollte darüber hinaus noch bedacht werden, dass sich der Beginn eines Vertrages und der Beginn von Rechten und Pflichten aus einem Vertrag unterscheiden können.

7.1 Der Unterschied zwischen Beginn des Vertrags und Beginn der Leistungspflicht

Ein Vertrag liegt grundsätzlich dann vor, wenn es zu zwei sog. „übereinstimmenden Willenserklärungen" gekommen ist. Eine Willenserklärung ist grundsätzlich eine Willensäußerung, mit der etwas in rechtlicher Hinsicht bewirkt werden soll[1]. Eine vertragliche Leistung muss jedoch in zeitlicher Hinsicht nicht zwingend mit dem Abschluss eines Vertrages zu erbringen sein. Das kennt man beispielsweise von dem Kauf auf Rechnung, bei dem der Verkäufer die Ware verschickt, die Bezahlung jedoch erst nach einer gewissen Zeit erfolgt.

---

[1]An dieser Stelle noch einmal der Hinweis von mir an die dieses Buch lesenden Rechtsanwälte: Die Definitionen in diesem Kapitel sind juristisch manchmal etwas ungenau, das ist mir bewusst. Wie jedoch schon oben ausgeführt geht es mir jedoch nicht um eine juristisch präzise Abhandlung, sondern um einen Überblick über das Problem in einer Weise, dass es für Nichtjuristen verständlich wird. Ich kann deshalb damit leben, wenn nicht jede juristische Feinheit von mir aufgegriffen wird. Ich hoffe, Sie können das auch …

7 Die Geltungsdauer – Wann geht es los und …

> **Beispiel**
>
> „Ich würde gerne diese Schuhe kaufen."
> Der Käufer deutet auf ganz bestimmte Schuhe, die deutlich mit einem Preis ausgezeichnet sind.
> „Das ist in Ordnung, wollen Sie die Verpackung auch mitnehmen?"

In diesem Beispiel ist klar, dass der Käufer ganz bestimmte Schuhe zu einem ganz bestimmten Preis erwerben möchte. Der Verkäufer ist damit einverstanden. Da es sich um zwei Äußerungen des jeweiligen Willens, nämlich die Absicht eines Erwerbs und das Einverständnis mit dieser Absicht handelt, und die beiden Äußerungen auch sich jeweils auf die andere Äußerung beziehen, ist der Vertrag damit geschlossen.

> **Beispiel**
>
> „Ich würde gerne diese Schuhe kaufen und Ihr Angebot annehmen, erst in 4 Wochen den Kaufpreis zu zahlen."
> Der Käufer deutet auf ganz bestimmte Schuhe, die deutlich mit einem Preis ausgezeichnet sind.
> „Das ist in Ordnung, wollen Sie die Verpackung auch mitnehmen?"

Auch in diesem Beispiel ist wie oben ein Vertrag geschlossen worden. Anders als im vorherigen Beispiel jedoch muss die Bezahlung erst in 4 Wochen erfolgen. Damit fallen der Beginn des Vertrages und der Beginn der Leistung „Bezahlung" auseinander.

> **Beispiel**
>
> Käufer und Verkäufer treffen sich auf einem Flohmarkt, auf dem der Verkäufer einen Stand hat. Der Verkäufer bietet Turnschuhe zum Preis von 10 EUR an.
> Käufer: „Ich würde die Turnschuhe für 5 Euro nehmen."
> Verkäufer: „Tut mir leid, weiter als auf 8 Euro gehe ich nicht runter."
> Käufer: „Wären 7 Euro in Ordnung?"
> Verkäufer: „Ja, von mir aus."

Von dem, was in diesem Beispiel passiert, darf man sich nicht verwirren lassen[2]. Der Vertrag kommt am Ende zustande, als sich die Parteien einig sind über den Gegenstand und über den finalen Preis.

Wichtig für Parteien ist es, den Unterschied zwischen dem Beginn des Vertrages und dem Beginn der Leistungspflichten zu verstehen. Denn beides kann unterschiedlich geregelt sein und unterschiedliche Folgen auslösen.

---

[2]Dieses Beispiel ist übrigens extrem praxisrelevant. Denn erst wenn eine Verhandlung abgeschlossen ist, liegt ein Vertrag vor. Alles andere sind rechtlich gesehen lediglich „Angebote auf einen Vertragsabschluss", die jedoch mit dem Gegenangebot abgelehnt wurden. Das Gegenangebot ist dann gleichzeitig auch noch ein neues Angebot. Im vorliegenden Beispiel ging also zuerst das Angebot vom Käufer aus (5 EUR), wurde vom Verkäufer abgelehnt unter gleichzeitiger Formulierung eines neuen Angebots (8 EUR), welches wiederum vom Käufer abgelehnt wurde in Verbindung mit einem neuen Angebot (7 EUR), welches dann vom Verkäufer angenommen wurde. Problematisch wird es dann, wenn eine Partei nicht klar kommuniziert, dass sie ein Angebot annimmt. Das kann der Fall sein, wenn die Parteien beispielsweise über die Versendung einer Maschine verhandeln und dazu mehrfach mittels E-Mails und in mündlicher Form unterschiedliche Spezifikationen und Preise kommuniziert wurden. Dann versendet der Verkäufer plötzlich die Maschine, ohne noch einmal bestimmte Spezifikationen oder einen bestimmten Preis zu bestätigen. Hier kann sich die Frage stellen, zu welchem Zeitpunkt genau ein Vertrag zustande gekommen ist, was zum Beispiel nicht nur für die Bezahlung eine Rolle spielt, sondern auch für die Frage, bis zu welchem Zeitpunkt welche Partei das Risiko für eine Beschädigung oder sogar die Zerstörung der Maschine tragen muss.

7 Die Geltungsdauer – Wann geht es los und …

> **Beispiel**
>
> So führt der Abschluss eines Kaufvertrages nicht automatisch dazu, dass der Käufer Eigentümer der erworbenen Sache wird. Der Abschluss eines Vertrages hat lediglich zur Folge, dass eine Verpflichtung gegenüber dem Käufer besteht, diesem das Eigentum an der Sache zu verschaffen und ihm die Sache auszuhändigen. Wann jedoch diese Übereignung erfolgt, das ist vom Vertragsschluss separat zu beurteilen.

Die Parteien können deshalb regeln, dass ein Vertrag erst zu einem bestimmten Stichtag zustande kommt. Oder sie regeln, dass Leistungen erst zu einem bestimmten Stichtag erbracht werden müssen.

1. „Der Kaufvertrag kommt dann zustande, wenn die letzte Unterschrift geleistet ist."
2. „Stichtag für den Unternehmensübergang ist der 1. Januar 20xx."

Im ersten Fall ist geregelt, dass es auf die zweite Unterschrift ankommt. Wird diese nicht erbracht, dann gibt es keinen Vertrag. Im zweiten Fall ist der Vertrag wohl zustande gekommen, jedoch bleibt das Unternehmen noch beim Verkäufer, bis der benannte 1. Januar eingetreten ist.

Übrigens sollte an dieser Stelle noch darüber nachgedacht werden, was in der zeitlichen Lücke zwischen dem Abschluss des Vertrages und dem Leistungszeitpunkt passieren und zu welchen Folgen das führen kann. Im obigen zweiten Beispiel stellt sich nämlich die spannende Frage, was passiert, wenn dem Unternehmen in diesem brisanten Zeitraum etwas passiert, das beispielsweise Auswirkungen auf die Bewertung des Unternehmens hat. Ich denke da an Umsatzeinbrüche, Kündigung wichtiger Mitarbeiter oder an die Beschädigung wichtiger Produktionsmaterialien wie Maschinen. Für die hierzu anzustellenden Überlegungen verweise ich jedoch auf die Darstellung zu den Änderungen von Umständen in Kap. 6.

7.2 Das Ende eines Vertrages

Auch Verträge haben ein Ende. Manchmal ist dabei das Ende klar, manchmal ist das Ende jedoch schwierig zu erkennen.

> **Beispiele**
> 1. „Das Mietverhältnis endet am 31. Dezember 2020."
> 2. „Das Arbeitsverhältnis kann mit einer Frist von 4 Wochen gekündigt werden."
> 3. Die Parteien haben eine GmbH gegründet, aber nichts dazu geregelt, wie ein Gesellschafter aus der GmbH austreten kann.

Im ersten Beispiel ist das Ende eines Mietvertrages klar zu erkennen. Der Mietvertrag endet mit Ablauf des 31. Dezember 2020, also mit Ablauf der letzten Sekunde dieses Tages. Im zweiten Beispiel ist das Ende nicht ganz so klar, man kann jedoch auf das Ende kommen. Nehmen wir an, die Kündigung wird am 3. März 2020 ausgesprochen, dann endet das Arbeitsverhältnis mit Ablauf des 31. März 2020[3]. Problematisch ist der letzte

---

[3]Wer es ganz genau wissen will: Die Kündigung wurde am 3. März, einem Dienstag, ausgesprochen. Die Frist beginnt also nach § 187 Abs. 1 BGB am Tag danach, also am Mittwoch der 4. März. Da es sich nun um eine Frist von 4 Wochen handelt, besagt § 188 Abs. 2, dass das Ende auf den Tag fällt, der dem Tag des Ereignisses, hier der Kündigung, entspricht. Das ist dann der Dienstag nach 4 Wochen und damit der 31. März.

Fall. Im Rahmen von Beratungen in meiner Kanzlei kommt es immer wieder vor, dass einer der Gründer einer GmbH nun aus der Gesellschaft aussteigen möchte. Die Parteien haben aber dazu nichts geregelt, da sie der Ansicht waren, eine Frist für den Ausstieg ergebe sich aus dem GmbH-Gesetz. Das sorgt dann immer wieder für böse Überraschungen, denn das GmbH-Gesetz enthält keine Regelung für einen fristgemäßen Ausstieg von Gesellschaftern aus einer GmbH[4].

Insbesondere das dritte Beispiel zeigt auf wie wichtig es ist, sich über die Möglichkeiten der Beendigung eines Vertrages Gedanken zu machen, denn manchmal hilft eben das Gesetz nicht weiter und dann können die Konsequenzen fatal sein.

7.3 Die vorzeitige Beendigung eines Vertrages

Schließlich gibt es auch noch den Fall, dass ein Vertrag zwar mit einer bestimmten Laufzeit versehen ist, aber dennoch die Möglichkeit bestehen soll, ihn vor Ablauf dieser Laufzeit zu beenden. Dazu gibt es zwar diverse gesetzliche Möglichkeiten. Besser, weil steuerbarer, ist es jedoch, wenn die Parteien im Vertrag Regelungen vereinbaren, die genau die Umstände darlegen, unter denen

---

[4]Das ist in der Tat so. Das GmbH-Gesetz sieht die Möglichkeit einer Kündigung mit Kündigungsfrist nicht vor, da sich der Gesetzgeber explizit gegen diese Möglichkeit entschieden hat. Dies wird damit begründet, dass der Gesellschafter die Bindung an die Gesellschaft freiwillig eingegangen ist und – sofern die Kündigungsmöglichkeit nicht im Gesellschaftsvertrag geregelt ist – sich an diese Bindung halten muss.

ein Vertrag zu welchem Zeitpunkt beendet werden kann. Denn dann können sich die Parteien darauf einstellen, dass bestimmte Umstände zu einer Beendigung des Vertrages führen. Das Ende kommt dann nicht völlig überraschend.

> **Beispiele**
> 1. „Der Arbeitsvertrag endet mit Ablauf des 31. Dezember 2020. Der Arbeitnehmer hat jedoch die Möglichkeit, den Arbeitsvertrag vor diesem Zeitpunkt mit einer Frist von einem Monat zum Monatsende zu kündigen."
> 2. „Der Kaufvertrag kann von jeder Partei in folgenden Fällen ohne Einhaltung einer Frist gekündigt werden:
>   a. Gegenüber einer Partei wird das Insolvenzverfahren eröffnet.
>   b. Eine Partei verstößt gegen die Regelungen in § 5.
>   c. Die Gesellschafter einer Partei ändern sich."
> 3. „Jede Partei kann von diesem Vertrag innerhalb einer Frist von 4 Wochen seit Abschluss dieses Vertrages zurücktreten."

Die Beispiele zeigen exemplarisch die Vielfalt der Möglichkeiten, einen Vertrag zu beenden. Dabei ist das zweite Beispiel unter Umständen besonders kritisch, weil es hier keine Frist gibt, nach deren Ablauf der Vertrag endet. Das Ende kommt vielmehr sehr abrupt. Parteien sollten sich gut überlegen, für welche Fälle sie so eine plötzliche Kündigung zulassen wollen.

7.4 Das Ende ist gekommen

Nun ist es soweit: Der Vertrag wurde beendet – wie auch immer. Gehen jetzt die Parteien einfach so auseinander und lassen es dabei bewenden? Regelmäßig ist das nicht der Fall. Parteien sollten sich darüber Gedanken machen, welche Folgen sich aus einer Beendigung ergeben können. Oftmals geht es um Geld, um Produkte, die eventuell nicht mehr erworben werden können bzw. die zurückgegeben werden müssen oder um so etwas Abstraktes wie Rechtssicherheit. Genau diese Fälle sollten aber schon beim Abschluss eines Vertrages bedacht werden. Denn das ist normalerweise der Moment, in dem sich die Parteien noch gut verstehen. Ist ein Vertrag beendet, dann kann es sein, dass eine Partei gar kein Interesse mehr hat, sich noch mit der anderen Partei abzugeben, oder die Parteien verstehen sich einfach nicht mehr gut genug, als dass sie noch eine Einigung erzielen können.

> **Zusammenfassung**
>
> Besonders bei langlaufenden Verträgen ist genau zu regeln, wann die Vertragslaufzeit beginnt und endet, insbesondere wenn sich nachträgliche Änderungen des Vertrages ergeben. Beginn der Laufzeit kann sein mit Vertragsunterzeichnung, mit Eintritt eines bestimmten Ereignisses oder zu einem bestimmen Zeitpunkt. Man sollte darüber hinaus auch an die Folgen denken, wenn die Parteien schon Handlungen zur Vertragserfüllung vorgenommen haben, der Vertrag selbst aber noch nicht begonnen hat. Und für das Ende der Vertragslaufzeit kann beispielsweise die Beschreibung eines Ereignisses erforderlich sein, oder einfach das Erreichen eines bestimmten Zeitpunkts. Dabei sollte auch noch bedacht und geregelt werden, was nach der Beendigung passiert.

8

Das Loslassen – Wie man sich vom Vertrag lösen kann

> *Jede Begegnung birgt den Abschied in sich.*
> *Georg-Wilhelm Exler*

So gut wie kein Vertrag wird für die Ewigkeit geschlossen. Die meisten vertraglichen Bindungen bestehen nur für eine gewisse Zeit und wie in Kap. 7 dargestellt, sollte dann klar sein, wann das Ende erreicht ist. Es kommt aber auch vor, dass den Parteien an dem Zeitpunkt, an dem ein Vertrag geschlossen wird, noch nicht klar ist, wann ein Vertrag zum Ende kommen soll. Manchmal entdecken sie auch erst im Laufe der Zeit, dass die vertragliche Bindung nicht mehr weiter aufrecht erhalten werden soll[1]. Parteien sollten sich deshalb darüber im Klaren sein, welche Möglichkeiten sie haben, zu einem späteren Zeitpunkt von einem Vertrag loszukommen, wenn sie nicht von Anfang an ein Ende im Vertrag festgelegt haben.

---

[1] Ein typisches Beispiel hierfür sind der Miet- oder der Arbeitsvertrag.

© Springer Fachmedien Wiesbaden GmbH, ein Teil von Springer Nature 2020, korrigierte Publikation 2020
C. Lexa, *Mehr Erfolg mit besseren Verträgen,* Fit for Future,
https://doi.org/10.1007/978-3-658-30801-8_8

8.1 Die Kündigung

Viele wissen, dass eine „Kündigung" ein Weg ist, sich von einem Vertrag zu lösen. Nicht immer ist jedoch klar, was eine Kündigung voraussetzt und was dann genau die Folgen sind.

Eine Kündigung bedeutet im Grundsatz, dass sich eine Partei von etwas löst, ohne dass es die Zustimmung einer weiteren Partei bedarf[2]. Dabei muss unterschieden werden zwischen einer sog. „ordentlichen" [2] oder „außerordentlichen" Kündigung [1]. Die ordentliche Kündigung ist die, die an eine Frist geknüpft ist, die außerordentliche Kündigung hat dagegen keine Frist[3].

Daraus folgt zum einen, dass die außerordentliche Kündigung eines Vertrages diesen Vertrag mit sofortiger Wirkung beendet[4]. Zum anderen jedoch wird klar, dass die sofortige Beendigung auch etwas unfair ist. Denn die andere Vertragspartei, die die Kündigung erhält, kann sich normalerweise nicht auf die Beendigung einstellen, anders als bei der ordentlichen Kündigung mit Kündigungsfrist.

Damit man nun mit einer Kündigung sinnvoll umgehen kann, sind mehrere Überlegungen anzustellen. Zum einen muss man sich Gedanken darüber machen, ob es überhaupt die Möglichkeit einer Kündigung geben soll.

---

[2]Juristen bezeichnen eine Kündigung auch als sog. „einseitige Willenserklärung", also als eine Willensäußerung mit Beendigungsziel, die ihre Wirkung entfaltet, ohne dass noch eine weitere Person mitwirken muss.
[3]Deshalb heißt diese Kündigung auch „fristlose Kündigung".
[4]Genau genommen kommt es noch darauf an, wann die Kündigung der anderen Vertragspartei zugeht. Dieses Detail ist in der juristischen Praxis sehr wichtig – für diese Darstellung erlaube ich mir jedoch die Freiheit, nicht näher darauf einzugehen, weil es für das Verständnis der generellen Wirkungsweise einer Kündigung erst einmal vernachlässigt werden kann. Wie schon mehrfach angesprochen: Dieses Buch ist nicht für Juristen geschrieben.

Dann stellt sich die Frage nach einer angemessenen Frist für eine ordentliche Kündigung. Schließlich sollte man sich über Gründe für eine außerordentliche Kündigung Gedanken machen.

Es mag überraschen, dass man darüber nachdenken sollte, ob es überhaupt die Möglichkeit einer Kündigung geben soll. Liegt es doch nahe, dass es hier gesetzliche Regelungen gibt. Dies ist zwar in den meisten Fällen richtig. Aber es gibt zwei Probleme: Zum einen kennen Vertragsparteien oft nicht die Fristen für eine Kündigung, zum anderen gibt es Situationen, in denen es nur sehr beschränkte Möglichkeiten einer Kündigung aufgrund eines Gesetzes gibt[5]. Es macht also Sinn, Regelungen zur Kündigung in den Vertrag selbst hineinzuschreiben, denn dort werden die Parteien wohl als Erstes nachlesen, wenn sie etwas zu diesem Thema suchen.

Was nun die Frist angeht, so sollten Parteien immer zwei Punkte bedenken: Die Frist muss ausreichend kurz sein, damit die Beendigung auch wirklich nach einer überschaubaren Zeit kommt, und ausreichend lang, damit sich jede Partei auf das Ende einstellen kann. Insbesondere der letzte Punkt sollte nicht leichtfertig ignoriert werden. Oftmals unterschätzen Vertragsparteien den Aufwand, der unter Umständen aus der Beendigung eines Vertrages erwächst. Um sich ausreichend vorzubereiten, sollte die Frist entsprechend gewählt werden.

Was schließlich die Kündigungsgründe angeht, so ist wichtig zu wissen, dass für eine ordentliche Kündigung eine Begründung meist nicht erforderlich ist. Das macht auch Sinn, denn gerade wegen der Frist kann es nicht

---

[5]So kann beispielsweise ein Gesellschafter einer GmbH diese Gesellschaft aufgrund fehlender gesetzlicher Regelung nicht mittels einer ordentlichen Kündigung verlassen.

mehr auf einen Grund ankommen – die Beendigung soll nicht auf einem Grund beruhen, über den man womöglich streiten kann. Anders liegt der Fall bei einer außerordentlichen, fristlosen Kündigung. Hier gibt es keine Frist und wie oben dargestellt kann es ziemlich unfair sein, wenn einer Vertragspartei plötzlich von heute auf morgen der Vertrag wegfällt. Aus diesem Grund hat der Gesetzgeber geregelt, dass die plötzliche Beendigung eines Vertrages aufgrund einer außerordentlichen Kündigung grundsätzlich nur in Ausnahmefällen möglich ist. Dies ist der Fall, wenn es einen sog. „wichtigen Grund" für die sofortige Beendigung des Vertragsverhältnisses gibt. Und hier wird nun ein Problem erkennbar: Was für eine Partei ein wichtiger Grund ist, das Vertragsverhältnis zu beenden, kann für die andere Partei ein unwichtiger Grund sein. Das Gesetz hilft übrigens nicht weiter, da dort regelmäßig keine Gründe formuliert werden[6]. Und auch die Rechtsprechung sagt regelmäßig nur, dass „unter Berücksichtigung aller Umstände und der Abwägung aller Interessen die Fortsetzung des Vertragsverhältnisses bis zur regulären Beendigung nicht mehr zumutbar sein darf". Wann das jedoch der Fall ist, ist oftmals nicht klar.

Was vielen ebenfalls nicht klar ist: Die Vertragsparteien können definieren, was für sie ein so wichtiger Grund ist, dass er eine sofortige Beendigung des Vertrages rechtfertigt. Den Vertragsparteien wird somit die Möglichkeit gegeben, ihre eigenen Gründe in den Vertrag einzubringen, wobei unerheblich ist, warum ihnen gerade diese Gründe wichtig sind. Entscheidend ist lediglich, dass die Gründe für beide Seiten akzeptabel sind. Dabei sollte darauf geachtet werden, dass ein solcher Grund von einem unbeteiligten Dritten verstanden und beurteilt werden kann.

---

[6]§ 314 BGB spricht gerade nur vom Erfordernis eines „wichtigen Grundes".

8 Das Loslassen – Wie man sich vom Vertrag … 55

> **Beispiel**
>
> Der Vertrag kann in folgenden Fällen ohne Einhaltung einer Frist schriftlich gekündigt werden:
>
> 1. Wenn der Auftraggeber Insolvenz anmeldet.
> 2. Wenn der Auftraggeber die erforderlichen Informationen gem. § x dieses Vertrages nicht innerhalb der dort genannten Fristen zur Verfügung stellt.
> 3. Wenn der Auftraggeber gegen eine Verpflichtung aus § x dieses Vertrages verstößt.
> 4. Wenn der Auftragnehmer Informationen, die er nach diesem Vertrag geheimzuhalten hat, an Dritte, auch Tochtergesellschaften, ohne Einverständnis des Auftraggebers weitergibt.

Aus diesem Beispiel wird auch ersichtlich, dass die Qualität der Kündigungsgründe regelmäßig so hoch ist, dass deren Bestehen für mindestens eine Partei gravierend nachteilig ist und normalerweise das Vertrauen in die andere Partei, an deren Rechtmäßigkeit, an deren Bestand usw. massiv erschüttert. Aus diesem Grund sollten sich Vertragsparteien gut überlegen, welche Gründe sie aufnehmen, damit ein Lösen vom Vertrag nicht zu leichtfertig passieren kann. Wenn aber wirklich ein wichtiger Grund vorliegt, dann sollte das Lösen einfach durchgeführt werden können.

8.2 Widerruf, Rücktritt, Anfechtung und der Wegfall der Geschäftsgrundlage

Regelmäßig höre ich von Mandanten, dass man ja einen Vertrag widerrufen, von einem Vertrag zurücktreten, diesen anfechten oder diesen beenden kann, weil sich die Umstände für den Vertrag gravierend geändert haben. Obwohl der wohl mit Abstand wichtigste Beendigungsgrund für einen Vertrag, in den die meiste Zeit investiert werden soll, die Kündigung ist, will ich noch kurz auf den Rücktritt, die Anfechtung und den Wegfall der Geschäftsgrundlage eingehen.

Der Widerruf spielt eine Rolle beim Kauf von Waren über das Internet oder per Telefon. Er setzt grundsätzlich keinen Grund voraus, kann aber nur innerhalb einer Frist ausgeübt werden[7]. Wichtig: Das Gesetz gibt nur einem Verbraucher ein solches Widerrufsrecht, nicht jedoch Unternehmern. Wenn es einem Unternehmer auf ein solches Recht ankommt, dann muss dieses vertraglich geregelt werden.

Der Rücktritt bedeutet nun, dass ein Vertrag endet, weil regelmäßig einer Partei ein entsprechendes Recht dazu eingeräumt wurde. Das Gesetz regelt dazu verschiedene Fälle. So gibt es beispielsweise Rücktrittsrechte im BGB, wenn eine Leistung nicht vertragsgemäß erbracht wird. Insgesamt ist das Rücktrittsrecht, wie es im BGB geregelt ist, jedoch kompliziert und an verschiedene Bedingungen geknüpft, die schwer zu verstehen sind. Parteien sollten deshalb daran denken, die Bedingungen für einen Rücktritt und die Folgen im Vertrag zu regeln, damit diese klar sind.

---

[7]Rechtlich stellt ein Widerruf einen Rücktritt vom Vertrag dar.

8 Das Loslassen – Wie man sich vom Vertrag …

Als Folge eines Rücktritts nach dem Gesetz gilt dann grundsätzlich, dass das, was eine Partei aufgrund eines Vertrages erhalten hat, an die andere Partei wieder herausgegeben werden muss und zwar in der Form, wie diese es erhalten hat. Allerdings können die Parteien hierzu auch andere vertragliche Regelungen treffen, wenn diese gesetzliche Folge nicht sinnvoll ist[8].

Was die Möglichkeit einer Anfechtung eines Vertrages angeht, so überschätzen Vertragsparteien regelmäßig diese. Das Gesetz regelt sehr genau, welche Voraussetzungen vorliegen müssen, damit eine Anfechtung überhaupt denkbar ist: So muss regelmäßig ein Irrtum bestehen, der über ein bloßes Motiv hinausgeht[9] und die Anfechtung muss innerhalb einer bestimmten Frist erfolgen, sonst ist sie ausgeschlossen. Die Kündigung bietet insoweit eine viel bessere Möglichkeit, sich von einem Vertrag zu lösen.

Schließlich höre ich immer mal wieder, dass man sich von einem Vertrag ja deshalb lösen könne, weil der Grund für den Vertrag weggefallen sei. Es fehle somit an der

---

[8]Ich habe in meiner Beratungspraxis selbst oft erlebt, wie problematisch das leichtfertige Auslösen eines Rücktritts ist. So wurde vor einiger Zeit ein Unternehmen verkauft. Im Nachgang stellte sich heraus, dass das verkaufte Unternehmen nicht so gut lief wie gedacht und der Verkäufer wichtige Informationen zum Unternehmen nicht korrekt mitgeteilt hat. Der Käufer kündigte daraufhin den Kaufvertrag. Dies war sein gutes Recht. Das verkaufte Unternehmen wurde jedoch in der Zwischenzeit von dem Käufer in ein weiteres Unternehmen teilintegriert. Durch den Rücktritt mussten nun die erhaltenen Leistungen herausgegeben werden – und zwar grundsätzlich so, wie diese erhalten wurden. Das galt natürlich auch für das Unternehmen. Dessen Herausgabe „so, wie es erhalten wurde", war aber gar nicht mehr möglich, da das Unternehmen nicht mehr eigenständig war, Mitarbeitern gekündigt wurde und Betriebsmittel angeschafft bzw. veräußert wurden. Die Parteien haben dann jahrelang über eine Erstattung in Geld gestritten.

[9]So ist zum Beispiel der Maler eines Bildes eine wichtige Information, die, wenn der Käufer aufgrund falscher Angaben des Verkäufers eine irrige Annahme dazu getroffen hat, die Möglichkeit zur Anfechtung auslöst. Hierbei handelt es sich nicht nur um ein Motiv. Die eigene fehlerhafte Vorstellung, was ein sinnvoller Kaufpreis für ein Bild ist, ist jedoch nur ein Motiv für den Kauf und erlaubt grundsätzlich keine Anfechtung.

ursprünglichen sog. „Geschäftsgrundlage". Auch dieser Grund für das Lösen von einem Vertrag wird regelmäßig überschätzt. Denn das Gesetz spricht zum einen von „schwerwiegenden Änderungen der die Geschäftsgrundlage bildenden Umstände"[10]. Damit wird deutlich, dass die bloße andere spätere Bewertung bestimmter Umstände keinen Einfluss auf die Geschäftsgrundlage haben kann[11]. Außerdem muss es um Vorstellungen gehen, die zwar nicht Vertragsbestandteil sind, aber bei Vertragsschluss für alle Parteien erkennbar waren und als Basis für ein bestimmtes Geschäft dienen. Da im Zivilrecht grundsätzlich davon ausgegangen wird, dass ein Vertrag einzuhalten ist, ist die Beurteilung der Vorstellungen der Parteien schwierig. Und schließlich ist die Folge eines Wegfalls der Geschäftsgrundlage primär die Anpassung des Vertrages an die geänderten Umstände und nicht dessen Beendigung[12]. Das heißt, die Annahme, dass die Änderung von Umständen automatisch zu einer Beendigung führt, ist so nicht korrekt.

Zusammenfassung

Manchmal ist es erforderlich, sich von einem Vertrag wieder zu lösen. Dann sollte jedoch klar sein, welche Möglichkeiten dazu bestehen – denken sollte man an die Kündigung und die dazu erforderlichen Umstände oder an einen Rücktritt. Wichtig ist auf jeden Fall, dass die entsprechenden Fristen und die Folgen des Abwartens der vereinbarten Fristen den Parteien klar sind und auch im Vorfeld bedacht wurde, welche Folgen sich durch das Lösen ergeben, beispielsweise wenn eine Partei schon Leistungen erbracht hat.

---

[10]Erst seit 2001 gibt es mit § 313 BGB eine gesetzliche Grundlage.

[11]Dies ist zum Beispiel grundsätzlich dann der Fall, wenn es um die Bewertung von Absatzchancen für Waren oder Dienstleistungen geht.

[12]Es ist aber natürlich möglich, dass die einzig logische „Anpassung" die Beendigung des Vertrages sein kann, wenn andere Möglichkeiten zur Anpassung nicht bestehen.

Literatur

1. Gabler Wirtschaftslexikon. (19.02.2018). https://wirtschaftslexikon.gabler.de/definition/ausserordentliche-kuendigung-30957/version-254529. Zugegriffen: 19. Mai 2020.
2. Gabler Wirtschaftslexikon. (19.02.2018). https://wirtschaftslexikon.gabler.de/definition/ordentliche-kuendigung-45785/version-269073. Zugegriffen: 21. Mai 2020.

9

Der Ansprechpartner – Wer darf etwas zum Vertrag sagen

Nur durch Kontakte kann Energie fließen.
Monika Kühn-Görg

> Ist ein Vertrag geschlossen, dann wird er durchgeführt bzw. abgewickelt. Regelmäßig kommt es nun dazu, dass sich bei einem Vertragspartner ein Mitarbeiter des anderen Partners meldet und etwas aufgrund des Vertrages verlangt. Die Frage, die sich in diesem Zusammenhang stellt, ist, ob diese Person nun berechtigt ist, etwas zu verlangen. Allgemein kann man sich fragen, wer eigentlich zuständig für alles ist, was einen Vertrag betrifft. Dies klar zu sehen, fällt Vertragspartnern oftmals nicht leicht.

9.1 Die Autorität eines Ansprechpartners

Für einen Juristen ist es im Grundsatz einfach zu sagen, wer zu einem Vertrag etwas sagen darf. Denn ein Jurist denkt an besondere Zuständigkeiten, genauer gesagt denkt er an die Macht, für einen anderen zu handeln. Man muss sich dazu einmal die Situation genau vor Augen führen: Ein Vertrag wird regelmäßig von einer bestimmten Person oder einem Unternehmen abgeschlossen, mit der Ausführung wird jedoch jemand anderes betraut. Kann es nun problematisch sein, wenn diese Person beispielsweise etwas macht, was zu unerwünschten Folgen oder zusätzlichem Aufwand führt?

Im Rahmen der Beurteilung dieser Frage ist nun zu bedenken, dass das Handeln für einen anderen grundsätzlich nicht ohne weiteres möglich ist. Dazu braucht es eine besondere Berechtigung, der sog. „Vertretungsmacht". Besteht eine solche Vertretungsmacht nämlich nicht, dann sollte das Handeln dieser Person auch gar keine Auswirkung haben. Es ist ja gerade nicht gewünscht, dass diese Person für einen anderen handelt. Berücksichtigt ein Vertragspartner dann doch deren Wünsche oder handelt er aufgrund einer Anweisung dieser Person, kann es zu Folgen kommen, die im schlimmsten Fall negativ und unumkehrbar sind. Das aber soll gerade vermieden werden.

Es ist nicht immer leicht zu verstehen, wer eigentlich für einen anderen handeln darf. Das liegt auch daran, dass den handelnden Personen selbst nicht immer klar ist, was sie dürfen oder was nicht. Ich empfehle deshalb die Beachtung folgender Grundsätze:

Belastbar sind Angaben im Handelsregister. Schaut man dort nach (im Internet unter www.handelsregister.de)

und ist dort beispielsweise eine Person als Geschäftsführer eines Unternehmens oder als Prokurist genannt, kann man davon ausgehen, dass diese Person die erforderliche Ermächtigung hat, für einen anderen zu handeln. Anders sieht es bei Abkürzungen wie „i.V." oder „i.A." aus, die man immer wieder in E-Mail-Signaturen oder unter Briefen findet. Natürlich sollte man darauf vertrauen können, dass die Person, die diese Abkürzungen verwendet, weiß, was sie bedeuten. Aber meiner Erfahrung nach ist dieses Vertrauen nicht immer gerechtfertigt. Noch problematischer ist es, wenn diese Abkürzungen fehlen. Denn dann gibt es gar keinen Anhaltspunkt.

Das Gesetz gibt einem jedoch für die Praxis eine Hilfestellung: Wenn sich jemand meldet, der behauptet, für einen anderen handeln zu dürfen, kann man sich dessen Bevollmächtigung vorlegen lassen[1]. Sollte das nicht gelingen, kann dies auf Probleme hinweisen.

Was einen Vertrag angeht, so empfehle ich jedoch ein präventives Vorgehen. Die Vertragspartner sollten festlegen, wer aufgrund eines Vertrages handeln darf, bzw. wer einen Vertrag abwickeln kann. So ist dann einerseits klar, wer aufgrund eines Vertrages handeln darf, und andererseits, wer dies nicht darf.

> „Bestellungen nach diesem Vertrag kann nur ein Geschäftsführer gemeinsam mit einem Prokuristen aufgeben."

---

[1]Mir ist natürlich bewusst, dass dies in der Praxis nur selten gemacht wird. Meistens vertrauen die beteiligten Personen darauf, dass die andere Person, die ist, die sie vorgibt zu sein, und über eine entsprechende Berechtigung verfügt. Jedoch geht es mir ja darum, Verträge besser zu machen und eine Hilfestellung für mehr Erfolg mit Verträgen zu geben. Die Frage nach einer Vollmacht erspart in der Praxis in vielen Fällen eine Menge Streit, wie ich aus eigener Erfahrung mit einer Vielzahl von Fällen sagen kann.

Mit dieser Regelung wird klar, dass nur zwei Personen gemeinsam Bestellungen aufgeben können und dass an die Personen, die eine Bestellung aufgeben, bestimmte Anforderungen geknüpft sind, die nachprüfbar sind. Liegen diese Anforderungen nicht vor, dann ist eine Bestellung nicht wirksam.

9.2 Der Wegfall eines Ansprechpartners

Eines sollte jedoch bedacht werden. Die Nennung einer bestimmten Person in einem Vertrag mit Namen kann problematisch sein, wenn die Person nicht mehr da ist, beispielsweise aus einem Unternehmen ausgeschieden ist. Dann nämlich besteht in dem Vertrag eine eindeutige Regelung, die jedoch ins Leere läuft. Die Vertragspartner müssen den Vertrag anpassen, unter Umständen in einem formalen Verfahren, was aber oftmals übersehen wird. Besser ist es deshalb, eine bestimmbare Person zu benennen und das Verfahren zu regeln, wie diese Person dem Vertragspartner zur Kenntnis gebracht wird.

> **Beispiel**
>
> Zuständig für Aufträge aufgrund dieses Vertrages ist der „Leiter Einkauf" des Käufers. Der Käufer ist verpflichtet, den Namen des „Leiter Einkauf" innerhalb von 5 Werktagen nach Abschluss dieses Vertrages dem Verkäufer mitzuteilen. Der Käufer ist darüber hinaus berechtigt, bis zu zwei (2) Stellvertreter für den „Leiter Einkauf" zu benennen, die ebenfalls berechtigt sind für den Käufer aufgrund dieses Vertrages zu handeln, wenn diese mitteilen, warum dem „Leiter Einkauf" ein Handeln im konkreten Fall nicht möglich ist. Ändert sich die Person des „Leiter Einkauf" oder einer der Stellvertreter, so ist dies dem Verkäufer unverzüglich schriftlich mitzuteilen.

9 Der Ansprechpartner – Wer darf etwas …

Im vorliegenden Beispiel wird deutlich, dass hier die handelnde Person bei dem Vertragspartner eine bestimmte Stellung haben muss, nämlich die Position eines Leiters für den Einkauf. Da diese Person nicht immer selbst handelt oder handeln kann, was regelmäßig in größeren Unternehmen der Fall ist, besteht die Möglichkeit, weitere Personen zu benennen, die in Vertretung des Einkaufsleiters handeln dürfen. Und wenn eine dieser Personen nicht mehr da ist, aus welchem Grund auch immer, kann jemand anderes benannt werden, sofern das entsprechende Verfahren eingehalten ist. So kann eine Diskussion darüber, ob jemand zum Handeln berechtigt ist, wirksam vermieden werden.

Stellt sich nur noch die Frage, was passiert, wenn trotz eindeutiger Regelung im Vertrag eine andere Person handelt. Die Antwort ist jedoch leicht: Da es dieser Person an der entsprechenden Berechtigung fehlt, hat deren Handeln grundsätzlich keine Auswirkungen. Aus diesem Grund sollte darauf geachtet werden, dass nicht auf diese unberechtigt handelnde Person reagiert wird, um nicht in der Realität nur schwer korrigierbare Situationen zu schaffen. Denn wird doch gehandelt, obwohl die handelnde Person aufgrund des Vertrages dazu nicht berechtigt war, wird unter Umständen ein Vertrauenstatbestand geschaffen, der nicht mehr aus der Welt geschaffen werden kann[2].

---

[2]In dem Zusammenhang sei der Vollständigkeit halber darauf hingewiesen, dass unter Umständen ein Fall des sog. „Vertreters ohne Vertretungsmacht" vorliegt. In diesem Fall handelt eine Person, ohne dass diese zur Vertretung einer anderen Person ermächtigt wurde. Um die Person des Vertretenen zu schützen, muss diese die Handlungen der handelnden Person nicht gegen sich gelten lassen. Auf der anderen Seite ist jedoch derjenige zu schützen, der möglicherweise berechtigt auf die Rechtmäßigkeit der handelnden Person vertraut hat. Das Gesetz löst diesen Fall dann so auf, dass sich der Vertragspartner an die handelnde Person wenden und von dieser bestimmte Leistungen verlangen kann.

> **Zusammenfassung**
>
> Ansprechpartner zu sein bedeutet nicht nur, dass mit diesem Abläufe besprochen oder Schwierigkeiten diskutiert werden. Es bedeutet auch, dass der Ansprechpartner stellvertretend für den Vertragspartner steht, wenn Erklärungen ausgesprochen oder Mitteilungen gemacht werden. In diesem Zusammenhang muss klar sein was zu tun ist, wenn ein einmal festgelegter Ansprechpartner wegfällt oder wenn in einem Unternehmen Zuständigkeiten wechseln.

10

Die Kosten – Wer muss wann was bezahlen

Wer zu spät an die Kosten denkt, ruiniert sein Unternehmen. Wer immer zu früh an die Kosten denkt, tötet die Kreativität.

Philip Rosenthal

> Kosten sind immer eine heikle Sache. Insbesondere wenn die Höhe der Kosten nicht von Anfang an geklärt werden, können sie zu einem späteren Zeitpunkt gravierend ins Gewicht fallen, ja sogar eine Kalkulation hinsichtlich eines bestimmten Geschäfts komplett zerstören. Aber auch die Frage, ob überhaupt Kosten anfallen, wird meiner Erfahrung nach nicht immer ausreichend bedacht. Soll Streit vermieden werden, dann sollte die Frage nach den Kosten immer möglichst frühzeitig beantwortet werden.

10.1 Die Entstehung von Kosten

Ein Missverständnis besteht insbesondere bei der Frage, wann überhaupt Kosten entstehen. Dabei geht es natürlich zunächst um direkte Kosten aufgrund eines Vertrages. Vereinbaren die Parteien die Produktion von bestimmten Teilen oder den Verkauf eines Gerätes, dann entstehen entweder Produktionskosten oder es muss ein Kaufpreis bezahlt werden.

Die Frage nach den Kosten geht jedoch noch weiter. Denn mit Blick auf einen Vertrag können durch diesen bzw. aufgrund von diesem Kosten entstehen.

So wird ein Vertrag normalerweise nicht von den Parteien selbst geschrieben. Obwohl inzwischen eine einfache Google-Suche eine Vielzahl von Vertragsmustern zutage befördert, bleibt doch das Problem bestehen, dass die Vertragspartner wissen müssen, ob das gefundene Muster auch für ihren Einzelfall „passt". Und auch der Inhalt des Musters muss verstanden werden, was insbesondere bei umfangreichen Vertragsmustern Nichtjuristen Schwierigkeiten bereitet. Aus diesem Grund wird regelmäßig ein Rechtsanwalt mit der Vertragsgestaltung beauftragt. Dafür fallen Kosten an, die sich entweder nach den Grundsätzen des Rechtsanwaltsvergütungsgesetzes berechnen oder nach einer entsprechenden Vergütungsvereinbarung.

Das ist jedoch unter Umständen nicht alles. Denn bestimmte Verträge erfordern nach deutschem Recht die Einschaltung eines Notars oder es ist eine Registrierung bei einem staatlichen Register erforderlich, was Kosten, Gebühren oder Steuerzahlungen auslöst.

> **Beispiele**
> 1. Die Gründung einer Gesellschaft mit beschränkter Haftung oder einer Unternehmergesellschaft bringt regelmäßig Kosten für einen oder mehrere Anwälte, einen Notar und das Handelsregister mit sich.
> 2. Der Verkauf eines Grundstücks verursacht Kosten bei einem Notar, beim Grundbuchamt und in steuerlicher Hinsicht, nämlich die Grunderwerbsteuer. Darüber hinaus müssen eventuell ein Makler und ein oder mehrere Anwälte bezahlt werden.

Ein besonderer Aspekt kommt hinzu, wenn es im Rahmen eines Vertrages einen Auslandsbezug gibt. Dieser Fall ist insbesondere deshalb problematisch, weil die Kostenstrukturen im Ausland oft nicht bekannt sind und es deshalb zu unerwarteten negativen Überraschungen kommen kann. Insbesondere bezüglich der USA werden die Kosten oftmals unterschätzt, weil es dort kein Pendant zu den Gebühren nach dem deutschem Rechtsanwaltsvergütungsgesetz gibt bzw. die Höhe der Kosten von Dienstleistungen weniger festgelegt sind[1].

10.2 Die Verteilung von Kosten

Insbesondere wenn ein Anwalt zur Gestaltung eines Vertrages eingeschaltet ist, können dessen Kosten zu Unmut führen. Denn ein Anwalt hat nur einen Auftraggeber, auch

---

[1] Dies wird insbesondere dann ein relevantes Thema, wenn die Vertragsparteien vereinbart haben, dass ein Streit vor einem Gericht ausgetragen werden soll, für das es bei der Einschaltung von Anwälten keine Gebührenregelungen gibt. Ich habe selbst erlebt, dass von der Streitsumme relativ überschaubare Fälle in den USA aufgrund der Stundensätze für die eingeschalteten Anwälte selbst ein überwiegender Gewinn des Prozesses sich im Endergebnis nicht „gerechnet" hat.

wenn es vielleicht für die Vertragspartner so aussieht, als wäre der Anwalt für beide gleichzeitig tätig[2]. Der Anwalt wird deshalb seine Kosten nur gegenüber einer Partei, die ihn beauftragt hat, abrechnen. Es liegt dann an dieser Partei, unter Umständen diese Kosten oder Teile davon weiterzureichen. Wenn dazu aber nichts vereinbart ist, wird die Weiterreichung keinen Erfolg haben.

Dieses Problem ist leicht in den Griff zu bekommen – es ist jedoch erforderlich, dass sich die Vertragspartner mit diesem Problem befassen und eine entsprechende Regelung im Vertrag treffen.

> **Beispiel**
> Jede Vertragspartei trägt die Kosten der eigenen rechtsanwaltlichen Beratung selbst. Kosten, die im Rahmen des Vertragsabschlusses oder der Vertragsdurchführung anfallen, wie beispielsweise Notarkosten oder die Kosten für ein öffentliches Register, tragen die Parteien jeweils zur Hälfte.

Diese Formulierung sorgt dafür, dass jeder Vertragspartner gegen den anderen einen Anspruch auf Kostenerstattung in Höhe der hälftigen angefallenen Kosten geltend machen kann. Davon ausgenommen sind die Kosten für den eigenen Anwalt, die nicht, auch nicht in Teilen, weitergereicht werden können[3].

---

[2]Das ist aber ein Trugschluss, weil ein Anwalt normalerweise nur eine Partei vertreten darf.

[3]Das macht auch Sinn, denn wie gezeigt kann ja ein Anwalt basierend auf dem Rechtsanwaltsvergütungsgesetz oder einer Vereinbarung abrechnen. Dadurch kann die Höhe der Gebühren unterschiedlich ausfallen.

10 Die Kosten – Wer muss wann was bezahlen

Natürlich kann auch vereinbart werden, dass eine Partei alle Kosten trägt. Dann muss lediglich beachtet werden, dass dies unter Umständen bedeutet, dass die Partei, die nach der vertraglichen Regelung eigentlich keine Kosten zu tragen hat, erst einmal doch eine Rechnung bekommt. Denn die Frage des Adressaten einer Rechnung ist eine Frage nach dem Kostenschuldner. Die Antwort wird manchmal unabhängig von einer vertraglichen Regelung gegeben. Die Partei, die die Rechnung erhalten hat, muss dann diese Kosten an die andere Vertragspartei weiterreichen. Besteht die Sorge, dass die andere Partei die Rechnung möglicherweise nicht begleichen kann, sollte eventuell vor Vertragsabschluss dafür gesorgt werden, dass das Geld für die Begleichung der Rechnung zur Verfügung steht. So können die Parteien Geld auf ein sog. „Treuhand-" oder auf ein sog. „Anderkonto" einzahlen, von dem dann die erhaltenen Rechnungen bezahlt werden[4]. Dass es überhaupt so ein Konto gibt, können die Parteien dann übrigens wieder vertraglich regeln.

---

[4]Ein Treuhand- oder auch ein Anderkonto kann mit einem bestimmten Zweck errichtet werden, nämlich beispielsweise der Begleichung von Rechnungen. Der Treuhänder oder der Inhaber eines Anderkontos, beispielsweise eine Bank oder auch ein Notar, werden dann die auf dem Konto befindlichen Geldbeträge nur im Rahmen des vorher definierten Zwecks verwenden. Der Vorteil ist, dass es nicht mehr auf Handlungen der Vertragspartner ankommt, wenn über das Geld auf dem Konto verfügt werden muss, sondern auf die Handlungen eines neutralen Dritten, der nur an den Zweck gebunden ist.

10.3 Das Vertragscontrolling

Es gibt noch eine weitere Situation, die Kosten verursachen kann. Diese Situation wird regelmäßig von Parteien nicht bedacht. Die Kosten, die aus dieser Situation entstehen, können jedoch erheblich sein. Ich rede vom sog. „Vertragscontrolling", d. h. von der Risikobewertung bezüglich eines Vertrages beziehungsweise bezüglich der Elemente eines Vertrages sowie der Überwachung und der Durchführung eines Vertrages. Bei der Risikobewertung spielen Fragen nach der Bewertung des Vertragspartners, der Risiken aus einem geschlossenen Vertrag, die Kostenentwicklungen oder Umsatzerwartungen und Umsatzplanabweichungen eine Rolle, bei der Überwachung und Durchführung geht es beispielsweise um Termin- und Zahlungsüberwachungen.

Obwohl diese Fragen oftmals intern auftauchen, beispielsweise in einem Unternehmen, können sich auch Zusatzkosten aufgrund der Beauftragung externer Dienstleister ergeben. Insbesondere hinsichtlich unerwarteter Kosten sollten sich Parteien überlegen, ob in den zu schließenden Vertrag nicht Regelungen hinsichtlich der Verteilung solcher Controllingkosten aufzunehmen sind.

> **Zusammenfassung**
>
> Wichtig für jeden Vertragspartner ist die Frage, welche Kosten er zu tragen hat. Zu denken ist dabei an die Kosten für die Erstellung eines Vertrages und dessen Prüfung und Änderung, beispielsweise durch das Einschalten eines Rechtsanwalts. Zu berücksichtigen sind aber auch Kosten für Dritte wie ein Notar oder ein staatliches Register, insbesondere wenn ein Auslandsbezug vorhanden ist und die dortigen Kostenstrukturen unbekannt sind. Schließlich sind auch Kosten für die Überwachung der Vertragsdurchführung nicht zu vernachlässigen.

11

Der Streit – Wie man einen Disput vermeidet, klärt und entscheidet

Ziel eines Konflikts oder einer Auseinandersetzung soll nicht der Sieg, sondern der Fortschritt sein.

Joseph Joubert

> Ein Vertrag soll hauptsächlich der Vermeidung eines Streites dienen, durch entsprechende Regelungen und Lösungsmöglichkeiten für möglichst viele Situationen. Jedoch kann es vorkommen, dass es für einen Fall keine Regelung gibt und die Vertragspartner es nicht schaffen, sich gütlich zu einigen. Dann muss der Disput notfalls von einem Richter entschieden werden. Ein Gerichtsstreit ist ja per se erst einmal nichts Schlechtes, denn immerhin kommt so ein Disput zu einem Ende, was von den Parteien alleine nicht geschafft wurde. Allerdings sollten die Vertragsparteien ein paar Vorbereitungen treffen, damit die Entscheidung des befassten Gerichts auch von diesem sinnvoll getroffen werden kann.

11.1 Der Ort des Streites

So sollte zuerst geklärt werden, an welchem Ort ein Streit ausgetragen wird[1]. Sofern der Ort mittels einer Vereinbarung geregelt werden kann, sollte bedacht werden, dass der Ort in verschiedener Hinsicht Folgen haben kann. So geht es zum einen um die Frage der Kosten einer Entscheidung an diesem Ort, beispielsweise mit Blick auf die Gebühren der dortigen Gerichte. Zum anderen geht es aber auch um die überhaupt nicht banale Frage, ob der Ort, an dem ein Streit entschieden werden soll, für alle Parteien mit vertretbarem Aufwand erreicht werden kann. Insbesondere wenn sich dieser Ort nicht am Sitz einer Partei befindet, wird diese Frage relevant[2].

11.2 Das zuständige Gericht

Sodann geht es um die Frage nach dem sachlich zuständigen Gericht. Hier stellt sich zum einen die Frage nach dem Eingangsgericht. Nach deutschem Recht ist als Eingangsgericht grundsätzlich das Amtsgericht zuständig, wenn es um einen Wert des Streites bis zu EUR 5000,00 geht. Geht es um einen höheren Wert, ist, sofern nicht

---

[1]Es gibt Situationen, da können die Parteien keine Absprache hinsichtlich des Gerichtsortes treffen. Das ist regelmäßig dann der Fall, wenn es zwingende gesetzliche Regelungen zum Gerichtsort gibt, insbesondere bei der Beteiligung von Verbrauchern an einem Streit.

[2]Dies kann übrigens auch schon dann eine Rolle spielen, wenn ein Streit in Deutschland entschieden wird. Man stelle sich nur mal vor, dass ein Unternehmen in Ravensburg sitzt, für den Streit jedoch ein Gericht in Flensburg zuständig ist. Zumindest eine Partei muss bei einem Streit von Ravensburg nach Flensburg reisen, was Zeit kostet. Eventuell fallen auch nicht unerhebliche Reisekosten an, für die Partei selbst, aber auch eventuell für einen Rechtsbeistand, Zeugen etc.

Ausnahmen zur Anwendung kommen, ein Landgericht zuständig. Dies ist jedoch für Vertragspartner meist gar nicht von besonders hoher Relevanz.

Viel spannender ist die Frage, ob überhaupt ein sog. „ordentliches Zivilgericht" zuständig sein soll. Denn es muss eines klar sein: Gerichtsverfahren sind in Deutschland und in vielen anderen Ländern öffentlich, d. h. jeder kann sich ein Verfahren anschauen, sich also in den Gerichtssaal setzen und den Ablauf des Verfahrens erleben. Die Öffentlichkeit kann nur in bestimmten Fällen ausgeschlossen werden. Insbesondere bei Gerichtsstreits, die unter Umständen für die Öffentlichkeit von Interesse sein können, etwa wenn es um große Summen geht oder bei Streitigkeiten von Gesellschaftern eines Familienunternehmens, kann dies dazu führen, dass sich Journalisten für einen Streit interessieren. Eventuell ist das aber von den Parteien nicht gewünscht.

Es gibt deshalb eine andere Möglichkeit, auf die sich jedoch die Vertragspartner einigen müssen, am besten natürlich durch eine vertragliche Regelung. Die Parteien können festlegen, dass ein eventueller Streit von einem Schiedsgericht entschieden wird. Das Verfahren vor einem Schiedsgericht ist regelmäßig nicht öffentlich, d. h. die Verhandlung und auch die Entscheidung des Streits ergeht, ohne dass die Öffentlichkeit davon erfährt. Die Vertragspartner sollten dann aber darauf achten, wie die Schiedsrichter ausgesucht werden und welches Verfahren vor diesem Schiedsgericht zur Anwendung kommt[3]. Des

---

[3]In vielen Ländern der Erde gibt es sog. Schiedsinstitutionen wie die Deutsche Institution für Schiedsgerichtsbarkeit (DIC) mit Sitz in Köln, CEDR oder den London Court of International Arbitration in London oder auch den Court of International Arbitration der International Chamber of Commerce in Paris. Allerdings können die Parteien auch sog. „adhoc-Schiedsgerichte" verwenden, bei denen die Schiedsrichter nach einem von den Vertragsparteien bestimmten Verfahren für die Entscheidung eines bestimmten Falles zusammenkommen.

Weiteren sollte darauf geachtet werden, dass eine im Wege eines Schiedsurteils ergangene Entscheidung auch durchgesetzt werden kann, beispielsweise durch Einschalten eines Gerichtsvollziehers, da ansonsten eine Partei zwar Recht bekommen hat, sich daraus jedoch keine Folge ergibt. Die Entscheidung ist dann letztendlich nichts wert.

Die Nutzung eines Schiedsgerichts hat noch weitere Vorteile. So kann ein Schiedsgericht als neutrales Forum dienen, keine Partei hat sozusagen einen „Heimvorteil". Unter Umständen ergeben sich Kostenvorteile, das Verfahren kann an die Bedürfnisse der Parteien angepasst werden und es kommt zu einem schnelleren Urteil. Schließlich können die Parteien Richter mit besonderem Sachverstand nutzen, weil anders als bei einem Verfahren vor einem deutschen Zivilgericht jede Person als Schiedsrichter verwendet werden und somit auf deren besondere Kenntnis zurückgegriffen werden kann[4].

Demgegenüber stehen jedoch auch ein paar Nachteile, sodass für die Verwendung eines Schiedsgerichts die entsprechenden Formalien gut durchdacht sein sollten. Es fehlt regelmäßig an einem sog. „Instanzenweg", d. h. das Schiedsgericht entscheidet final und es gibt keine übergeordnete Instanz, die so getroffene Entscheidung überprüft. Des Weiteren kann es an der Unabhängigkeit der Richter fehlen. Auch ist vielleicht die Anordnung von Zwangsmitteln, zum Beispiel das Erzwingen einer Zeugenaussage, nicht möglich. Und schließlich ist die Einbeziehung Dritter meist nur mit dem Einverständnis aller Vertragspartner möglich, was bedeutet, dass das Urteil nur im Verhältnis der streitenden Parteien Wirkung entfaltet

---

[4]In der Tat ist es möglich, dass im Rahmen eines Schiedsgerichts keine ausgebildeten Richter tätig werden, sondern Menschen mit besonderen Kenntnissen. Diesen fehlt dann möglicherweise die juristische Ausbildung, was aber vielleicht für die Parteien nicht relevant ist, weil es diesen vielmehr auf die Spezialkenntnisse des Schiedsrichters in einem bestimmten Gebiet ankommt.

und beispielsweise ein Regress gegenüber einer Dritten Partei ein komplett neues Verfahren erfordert.

Schließlich sei noch darauf hingewiesen, dass Parteien unter Umständen kein streitiges Verfahren, vor einem ordentlichen Zivilgericht oder vor einem Schiedsgericht, benötigen, sondern dass sie sich stattdessen vertraglich auf ein sog. „Mediationsverfahren" einigen können. Bei diesem Verfahren versucht ein Mediator, den Streit im Rahmen einer gütlichen Einigung zu befrieden. Fairerweise muss man darauf hinweisen, dass ein solches Verfahren voraussetzt, dass jede Partei ein Interesse an einer solchen gütlichen Einigung hat. In einigen Ländern wie beispielsweise den USA ist in vielen Fällen inzwischen die Durchführung eines Mediationsverfahrens als Vorverfahren vor einem Gerichtsstreit zwingend vorgesehen. Ich konnte selbst solche Verfahren in den USA erleben und habe die Erfahrung gemacht, dass durch die Einschaltung eines guten Mediators sehr gute Ergebnisse erzielt werden können. In Deutschland jedoch kommen Mediationsverfahren nur sehr begrenzt zum Einsatz, was insbesondere daran liegt, dass die Gebührenfrage für ein solches Verfahren nicht klar geregelt ist und es an einer zwingenden Anwendung eines solchen Verfahrens vor der Durchführung eines Gerichtsstreits fehlt.

11.3 Das anwendbare Recht

Vertragspartnern ist nicht immer klar, dass das einem bekannte Recht unter Umständen gerade nicht auf den eigenen Vertrag Anwendung findet. Welches Recht tatsächlich zur Anwendung kommt, regelt nämlich grundsätzlich jedes Land nach eigenem Ermessen. Das kann aber bedeuten, dass das Recht eines Landes zur Anwendung kommt, in dem rechtliche Regelungen nicht besonders ausdifferenziert sind oder das Recht nicht besonders entwickelt ist. Die Vertragspartner sollten sich deshalb, sofern dies möglich ist, auf die Anwendung eines bestimmten Landesrechts einigen. Insbesondere wenn Vertragsparteien aus unterschiedlichen Ländern kommen, wünscht sich aber natürlich jede Partei, dass „ihr" Recht für einen Vertrag gilt. Hier gibt es keine besonderen Empfehlungen hinsichtlich des „richtigen" Rechts. Die Vertragsparteien sollten jedoch darauf achten, dass zum einen der Vertrag nach dem Recht, welches auf ihn Anwendung findet, entworfen wurde, und dass das Gericht, welches einen eventuellen Streit zu entscheiden hat, in der Anwendung dieses Rechts Erfahrung hat. Denn nur so kann gewährleistet werden, dass die Wirkung der vertraglichen Regelungen und ihre Interpretation einheitlich nach einem landesspezifischen Standard erfolgen[5].

11.4 Die maßgebliche Sprache

Werden sog. „mehrsprachige Verträge"[6] verwendet, dann stellt sich noch ein weiteres Problem. Grundsätzlich findet jede Sprachversion gleichzeitig Anwendung. Dies ist

---

[5]Vielfach erlebe ich, dass ein Vertrag beispielsweise nach deutschen Rechtsgrundsätzen erstellt wurde, dann aber vereinbart wird, dass auf diesen Vertrag beispielsweise österreichisches Recht Anwendung findet. Das macht natürlich keinen Sinn, weil dem Ersteller eines Vertrages nach deutschem Recht die Feinheiten des österreichischen Rechts sowie die dort verwendeten Formulierungen oft nicht geläufig sind. Ist dann noch ein Gericht zuständig, das keine Expertise in diesem Recht hat (im vorliegenden Fall könnten sich die Parteien darauf einigen, dass ein Gericht in London zuständig ist), dann ist das Chaos perfekt. Das bedeutet nicht, dass in einem solchen Fall kein zufriedenstellendes Urteil gefällt werden kann. Beruhen die Erstellung, die Anwendung und die Streitentscheidung jedoch auf ein und derselben Rechtsordnung, können sich die Vertragspartner viel leichter auf die vertraglichen Konsequenzen einstellen und haben zumindest in Grundzügen einheitliche Vorstellungen.

[6]Mehrsprachige Verträge sind Verträge, bei denen der Vertragstext in mehreren Sprachen, beispielsweise in deutscher und englischer Sprache, vorliegt.

und beispielsweise ein Regress gegenüber einer Dritten Partei ein komplett neues Verfahren erfordert.

Schließlich sei noch darauf hingewiesen, dass Parteien unter Umständen kein streitiges Verfahren, vor einem ordentlichen Zivilgericht oder vor einem Schiedsgericht, benötigen, sondern dass sie sich stattdessen vertraglich auf ein sog. „Mediationsverfahren" einigen können. Bei diesem Verfahren versucht ein Mediator, den Streit im Rahmen einer gütlichen Einigung zu befrieden. Fairerweise muss man darauf hinweisen, dass ein solches Verfahren voraussetzt, dass jede Partei ein Interesse an einer solchen gütlichen Einigung hat. In einigen Ländern wie beispielsweise den USA ist in vielen Fällen inzwischen die Durchführung eines Mediationsverfahren als Vorverfahren vor einem Gerichtsstreit zwingend vorgesehen. Ich konnte selbst solche Verfahren in den USA erleben und habe die Erfahrung gemacht, dass durch die Einschaltung eines guten Mediators sehr gute Ergebnisse erzielt werden können. In Deutschland jedoch kommen Mediationsverfahren nur sehr begrenzt zum Einsatz, was insbesondere daran liegt, dass die Gebührenfrage für ein solches Verfahren nicht klar geregelt ist und es an einer zwingenden Anwendung eines solchen Verfahrens vor der Durchführung eines Gerichtsstreits fehlt.

11.3 Das anwendbare Recht

Vertragspartnern ist nicht immer klar, dass das einem bekannte Recht unter Umständen gerade nicht auf den eigenen Vertrag Anwendung findet. Welches Recht tatsächlich zur Anwendung kommt, regelt nämlich grundsätzlich jedes Land nach eigenem Ermessen. Das kann aber bedeuten, dass das Recht eines Landes zur Anwendung kommt, in dem rechtliche Regelungen nicht besonders ausdifferenziert sind oder das Recht nicht besonders entwickelt ist. Die Vertragspartner sollten sich deshalb, sofern dies möglich ist, auf die Anwendung eines bestimmten Landesrechts einigen. Insbesondere wenn Vertragsparteien aus unterschiedlichen Ländern kommen, wünscht sich aber natürlich jede Partei, dass „ihr" Recht für einen Vertrag gilt. Hier gibt es keine besonderen Empfehlungen hinsichtlich des „richtigen" Rechts. Die Vertragsparteien sollten jedoch darauf achten, dass zum einen der Vertrag nach dem Recht, welches auf ihn Anwendung findet, entworfen wurde, und dass das Gericht, welches einen eventuellen Streit zu entscheiden hat, in der Anwendung dieses Rechts Erfahrung hat. Denn nur so kann gewährleistet werden, dass die Wirkung der vertraglichen Regelungen und ihre Interpretation einheitlich nach einem landesspezifischen Standard erfolgen[5].

11.4 Die maßgebliche Sprache

Werden sog. „mehrsprachige Verträge"[6] verwendet, dann stellt sich noch ein weiteres Problem. Grundsätzlich findet jede Sprachversion gleichzeitig Anwendung. Dies ist

---

[5]Vielfach erlebe ich, dass ein Vertrag beispielsweise nach deutschen Rechtsgrundsätzen erstellt wurde, dann aber vereinbart wird, dass auf diesen Vertrag beispielsweise österreichisches Recht Anwendung findet. Das macht natürlich keinen Sinn, weil dem Ersteller eines Vertrages nach deutschem Recht die Feinheiten des österreichischen Rechts sowie die dort verwendeten Formulierungen oft nicht geläufig sind. Ist dann noch ein Gericht zuständig, das keine Expertise in diesem Recht hat (im vorliegenden Fall könnten sich die Parteien darauf einigen, dass ein Gericht in London zuständig ist), dann ist das Chaos perfekt. Das bedeutet nicht, dass in einem solchen Fall kein zufriedenstellendes Urteil gefällt werden kann. Beruhen die Erstellung, die Anwendung und die Streitentscheidung jedoch auf ein und derselben Rechtsordnung, können sich die Vertragspartner viel leichter auf die vertraglichen Konsequenzen einstellen und haben zumindest in Grundzügen einheitliche Vorstellungen.

[6]Mehrsprachige Verträge sind Verträge, bei denen der Vertragstext in mehreren Sprachen, beispielsweise in deutscher und englischer Sprache, vorliegt.

unproblematisch, wenn sich die Inhalte von jeder Sprachversion decken, also identisch sind. Ein Problem entsteht dann, wenn es in den jeweiligen Sprachen Wörter gibt, die unterschiedliche Bedeutung haben. Da dann beide Sprachversionen gleichzeitig Anwendung finden, gilt dies natürlich auch für beide Wörter und damit auch für beide Bedeutungen. Widersprechen sich nun diese Bedeutungen, kann das dazu führen, dass die Interpretation einer vertraglichen Regelung nicht möglich ist.

Wie so oft ist dieses Problem jedoch leicht in den Griff zu bekommen. Erforderlich ist eine Regelung im Vertrag, die besagt, welche Sprachversion im Falle der Verwendung verschiedener Versionen zur Anwendung kommt:

„Die Vertragssprache ist Deutsch. Werden Vertragsexemplare oder Teile von ihnen zusätzlich in einer anderen Sprache abgefasst, so gilt bei Unklarheiten oder Abweichungen die deutschsprachige Version."

> **Zusammenfassung**
>
> Drei Dinge sollten bedacht werden, um für den Fall eines Streits vorzusorgen: Wo wird ein Streit entschieden, wird ein ordentliches Gericht oder ein Schiedsgericht befasst (oder kommt ein Mediationsverfahren zur Anwendung) und welches Recht findet auf den Vertrag Anwendung. Letzteres ist insbesondere dann wichtig, wenn die Parteien aus unterschiedlichen Ländern kommen. Schließlich sollte man bei zweisprachigen Verträgen noch daran denken, zu klären, welche sprachliche Version Priorität hat, da in verschiedenen Ländern bestimmte Begriffe unterschiedliche Bedeutung haben können.

12

Worte zum Schluss

Alles auf der Welt kommt auf einen gescheiten Einfall und auf einen festen Entschluss an.

Johann Wolfgang von Goethe

Soll jemand einen Vertrag unterzeichnen, sorgt dies oftmals für ein mulmiges Gefühl – zumindest wenn die Person, die es betrifft, kein Anwalt ist. Die trockene Sprache, die regelmäßig umfangreichen Regelungen und insbesondere die fehlende Erfahrung mit dem, was in einem Vertrag geregelt werden kann und geregelt werden sollte, bereiten Kopfzerbrechen und teilweise schlaflose Nächte.

Mir ist natürlich bewusst, dass dieses Buch nicht jedes Problem, welches sich in Verbindung mit Verträgen und deren Regelungen ergeben kann, lösen wird. Allerdings erlebe ich in der Praxis immer wieder, dass es ein paar Punkte gibt, die – wenn sie von den Parteien berücksichtigt worden wären – einen Vertrag viel leichter zum Erfolg geführt hätten.

Ich habe versucht, in diesem Buch die sich im Rahmen meiner vertraglichen Beratungspraxis häufig auftretenden Probleme anzusprechen, die Gründe für die Probleme herauszuarbeiten und Tipps für den Umgang mit diesen Problemen zu geben.

Letztendlich läuft es darauf hinaus, sich darüber im Klaren zu sein, wo Probleme auftreten können. Den Spruch „Problem erkannt, Gefahr gebannt" würde ich zwar in diesem Zusammenhang nicht völlig uneingeschränkt unterschreiben, jedoch hat er durchaus seine Berechtigung. Wer als Nichtjurist weiß, wo sich aufgrund der Verwendung von Verträgen Schwierigkeiten ergeben könnten, über welche Regelungen man sich regelmäßig keine Gedanken macht oder die Gedanken in die falsche Richtung gehen und mit welch relativ einfachen Formulierungen juristische Baustellen umfahren werden können, der kann die Qualität der von ihm verwendeten Verträge schnell beträchtlich steigern.

In diesem Zusammenhang möchte ich noch einmal eine Aussage aus meinem Vorwort aufgreifen: Lesen Sie immer in Ruhe einen Vertragsentwurf durch, versuchen Sie ein Verständnis für die einzelnen Regelungen zu entwickeln und hören Sie auf Ihr Bauchgefühl, wenn Ihnen Regelungen seltsam vorkommen. Schließlich wenden Sie die Kniffe, die ich Ihnen in diesem Buch an die Hand gegeben habe, auf den Vertragsentwurf an. Sie werden feststellen, dass sich die Qualität und damit der Nutzen Ihrer Verträge beträchtlich steigern lassen, je mehr Erfahrung Sie im bewussten Umgang mit Verträgen sammeln.

Bleibt eigentlich nur noch eine Frage: War das wirklich schon alles? Ist dieses Buch erschöpfend oder gibt es noch weitere Tipps und Kniffe rund um einfache, aber effektive

12

Worte zum Schluss

Alles auf der Welt kommt auf einen gescheiten Einfall und auf einen festen Entschluss an.

Johann Wolfgang von Goethe

Soll jemand einen Vertrag unterzeichnen, sorgt dies oftmals für ein mulmiges Gefühl – zumindest wenn die Person, die es betrifft, kein Anwalt ist. Die trockene Sprache, die regelmäßig umfangreichen Regelungen und insbesondere die fehlende Erfahrung mit dem, was in einem Vertrag geregelt werden kann und geregelt werden sollte, bereiten Kopfzerbrechen und teilweise schlaflose Nächte.

Mir ist natürlich bewusst, dass dieses Buch nicht jedes Problem, welches sich in Verbindung mit Verträgen und deren Regelungen ergeben kann, lösen wird. Allerdings erlebe ich in der Praxis immer wieder, dass es ein paar Punkte gibt, die – wenn sie von den Parteien berücksichtigt worden wären – einen Vertrag viel leichter zum Erfolg geführt hätten.

Ich habe versucht, in diesem Buch die sich im Rahmen meiner vertraglichen Beratungspraxis häufig auftretenden Probleme anzusprechen, die Gründe für die Probleme herauszuarbeiten und Tipps für den Umgang mit diesen Problemen zu geben.

Letztendlich läuft es darauf hinaus, sich darüber im Klaren zu sein, wo Probleme auftreten können. Den Spruch „Problem erkannt, Gefahr gebannt" würde ich zwar in diesem Zusammenhang nicht völlig uneingeschränkt unterschreiben, jedoch hat er durchaus seine Berechtigung. Wer als Nichtjurist weiß, wo sich aufgrund der Verwendung von Verträgen Schwierigkeiten ergeben könnten, über welche Regelungen man sich regelmäßig keine Gedanken macht oder die Gedanken in die falsche Richtung gehen und mit welch relativ einfachen Formulierungen juristische Baustellen umfahren werden können, der kann die Qualität der von ihm verwendeten Verträge schnell beträchtlich steigern.

In diesem Zusammenhang möchte ich noch einmal eine Aussage aus meinem Vorwort aufgreifen: Lesen Sie immer in Ruhe einen Vertragsentwurf durch, versuchen Sie ein Verständnis für die einzelnen Regelungen zu entwickeln und hören Sie auf Ihr Bauchgefühl, wenn Ihnen Regelungen seltsam vorkommen. Schließlich wenden Sie die Kniffe, die ich Ihnen in diesem Buch an die Hand gegeben habe, auf den Vertragsentwurf an. Sie werden feststellen, dass sich die Qualität und damit der Nutzen Ihrer Verträge beträchtlich steigern lassen, je mehr Erfahrung Sie im bewussten Umgang mit Verträgen sammeln.

Bleibt eigentlich nur noch eine Frage: War das wirklich schon alles? Ist dieses Buch erschöpfend oder gibt es noch weitere Tipps und Kniffe rund um einfache, aber effektive

12 Worte zum Schluss

Verbesserung von Verträgen? Ich möchte mich bei Ihnen herzlich für den Erwerb dieses Buches bedanken – das bedeutet mir sehr viel und ist für mich Ansporn, Ihnen mehr Mehrwert zu liefern. Und deshalb gibt es zu diesem Buch ein Bonuskapitel mit ergänzenden Informationen, Checklisten und Videos, welches Sie auf der Webseite zu diesem Buch unter http://www.erfolgmitvertraegen.de/?p=8 oder direkt über diesen QR-Code finden:

Und sollten Sie dennoch trotz dieses Buches weitere Hilfe benötigen, dann nehmen Sie gerne mit mir Kontakt auf:

Web: http://www.kanzlei-lexa.de
E-Mail: kontakt@kanzlei-lexa.de
LinkedIn: https://www.linkedin.com/in/carstenlexa
YouTube: http://www.youtube.com/kanzlei_lexaDE

# 13

Einladung zum nächsten Schritt

Eine Investition in Wissen bringt immer noch die besten Zinsen.
Benjamin Franklin

Sie haben nun dieses Buch gelesen und wollen noch mehr über Vertragsverbesserungen erfahren? Herzlichen Glückwunsch zu dieser Entscheidung! Mein Vorschlag wäre, dass Sie zuerst einen Blick auf die vorgenannte Internetseite zu diesem Buch werfen. Dort bekommen Sie zu jedem Kapitel weitere Informationen und Sie erhalten Zugang zum Bonuskapitel.

Mir ist aber klar, dass das vielleicht immer noch nicht ausreicht. Was könnte ich Ihnen also noch anbieten? Wie wäre es mit einem Werkzeug, welches Ihnen ganz konkret bei der Gestaltung Ihrer eigenen Verträge hilft? Das Sie benutzen können in Verbindung mit genau dem Vertrag, um den Sie sich jetzt kümmern müssen? Und das Ihnen darüber hinaus noch systematisch und inhaltlich hilft, wenn Sie doch eine Besprechung mit einem Anwalt vorbereiten müssen?

Vorhang auf für den „Vertragsdesigner"! Der Vertragsdesigner ist ein Werkzeug, das wie gemacht ist für die heutige Zeit. Vergessen Sie langweilige und trockene Hilfsmittel – der Vertragsdesigner hilft Ihnen auf innovative und spielerische Weise, sich mit den Inhalten Ihrer Verträge zu beschäftigen, gibt Ihnen Hinweise auf Punkte, die Sie beachten sollten und sorgt dafür, dass Sie Fallstricke besser erkennen.

Vertragsdesigner (Quelle: Katharina Vorndran, www. vorndran-marketing.de)

13 Einladung zum nächsten Schritt 87

Wenn Sie mehr erfahren möchten, dann besuchen Sie die Webseite http://www.vertragsdesigner.de oder verwenden Sie den nachfolgenden QR-Code und werfen Sie einen Blick auf eines der derzeit innovativsten Tools, das es im Bereich Vertragsgestaltung gibt.

Kartenset

Erratum zu: Mehr Erfolg mit besseren Verträgen

Verträge gestalten und optimieren ohne Anwalt

Erratum zu:
C. Lexa, *Mehr Erfolg mit besseren Verträgen*, Fit for Future, https://doi.org/10.1007/978-3-658-30801-8

Ein technischer Fehler im Produktionsablauf hat dazu geführt, dass das Buch zunächst mit 2021 als Copyright Jahr veröffentlicht wurde. Das Copyright Jahr ist 2020. Dies wurde nachträglich korrigiert.

Die aktualisierte Version des Buches finden Sie unter
https://doi.org/10.1007/978-3-658-30801-8

© Springer Fachmedien Wiesbaden GmbH, ein Teil von Springer Nature 2020
C. Lexa, *Mehr Erfolg mit besseren Verträgen*, Fit for Future, https://doi.org/10.1007/978-3-658-30801-8_14

The manufacturer's authorised representative in the EU is Springer Nature Customer Service Centre GmbH, Europaplatz 3, 69115 Heidelberg, Germany. If you have any concerns regarding our products, please contact ProductSafety@springernature.com

Printed and bound by CPI Group (UK) Ltd, Croydon, CR0 4YY

23/03/2026

02076464-0001